Hubert Käppel

Die 33 wichtigsten Gitarrenetüden für die Unterstufe

Aguado
Giuliani
Sor
Käppel

progressiv und
nach technischen
Schwerpunkten
geordnet in:

Lagenspiel

Arpeggien

Bindungen

Koordination

Barré

zweistimmiges,
nicht gleich-
zeitiges Spiel

mehrstimmiges
Melodiespiel

mit CD

■ Impressum

Alle Rechte vorbehalten
Copyright © 1997 by
AMA Verlag GmbH
Postfach 1168
50301 Brühl

http://www.artarea.de/ama

Umschlagillustration und Gestaltung: Patrizia Obst
Umschlagfotografie: Guido Löhrer

DTP: René Teichgräber
Gesamtleitung: Detlef Kessler

Printed in Germany

ISBN 978-3-927190-85-6

Vielen Dank der Firma Musik Meyer für die zur Verfügung gestellte Rodriguez-Gitarre.

Der Inhalt dieses Buches und der CD darf weder vollständig noch ausschnittsweise in irgendeiner Form (Druck, Fotokopie oder einem anderen Verfahren) ohne schriftliche Genehmigung reproduziert oder unter Verwendung elektronischer Systeme verarbeitet, vervielfältigt oder verbreitet werden.

■ Vorwort

Die Idee zu einer Etüdensammlung für verschiedene Lernstufen ist durch meine jahrelange Praxis als Musiker und Lehrer entstanden. Wenn ich an meine ersten, eigenen Gitarrenstunden zurückdenke, fallen mir etliche einstudierte Etüden ein, die meinem damaligen Lernniveau wenig bzw. überhaupt nicht entsprachen.

Die Schuld lag gewiß nicht bei meinen Lehrern, sondern an der Literatur, die zur Verfügung stand. Die vorhandenen Etüdenausgaben erschweren – damals wie heute – die Auswahl für Schüler und Lehrer, da sie Etüden verschiedener Schwierigkeitsgrade bunt gemischt vereinen.

Auch die bekanntesten Etüdensammlungen von Sor, Giuliani, Aguado und Carcassi sind thematisch in ihren Schwierigkeitsgraden ebenso bunt zusammengestellt. Sie bedürfen daher einer ordnenden Revidierung, um dem heutigen, qualitativ hohen gitarristischen Standard sowie der veränderten Methodik und Didaktik gerecht zu werden. Dabei möchte ich die Qualität der Leistung dieser außergewöhnlichen Gitarrenkomponisten in keinster Weise schmälern.

Im vorliegenden Band habe ich mich bemüht, Etüden nach technischen Schwerpunkten und ihrem Schwierigkeitsgrad – auch innerhalb einzelner Kapitel – progressiv zu ordnen. Mein Anliegen ist es, sowohl Lehrern als auch Schülern und Studenten bei ihrer Auswahl aus der Fülle und des stetig steigenden, enormen Angebots an Etüdenausgaben Hilfestellungen zu geben. Dabei sind Etüden, die verschiedene Greif- und Anschlagstechniken behandeln, vor allem im Unter- und Mittelstufenbereich weniger berücksichtigt worden.

Eine Auswahl, wie die hier vorliegende, kann – obwohl relativ umfassend konzipiert – lediglich subjektiv und daher im weitesten Sinne unvollständig sein. Vermutlich werden manche die ein oder andere Etüde vermissen. Einer Erweiterung seitens der Lehrer steht nichts im Wege (zum Beispiel mit der Faksimileausgabe einer Sor-Etüde).

Obgleich ich versucht habe, den Schwierigkeitsgrad der Etüden für die Unterstufe in einem engen Spektrum zu halten, liegen doch einige kurz vor oder sogar schon im Mittelstufenbereich. Sie sollen dazu beitragen, den Übergang von der Unter- zur Mittelstufe zu erleichtern.

Die Tempi der auf der beiliegenden CD eingespielten Etüden sind so ausgesucht, daß sie von einem durchschnittlich begabten Schüler nachvollzogen werden können. Um den musikalischen Gehalt der einzelnen Stücke nicht zu verfremden, ist für manchen Schüler sicherlich hin und wieder ein zu schnelles Tempo gewählt worden.

An dieser Stelle möchte ich den Mitarbeitern des AMA-Verlags und insbesondere meiner Lektorin Brigitte Windolph herzlich für ihre Unterstützung, Geduld und Beratung danken.

In der Hoffnung, einen kleinen Beitrag zur methodisch-didaktischen Weiterentwicklung geleistet zu haben, wünsche ich allen Spielern/innen und angehenden Gitarristen/innen viel Freude beim Einstudieren dieser musikalischen Miniaturen.

Hubert Käppel   Rösrath, im Januar 1997

■ Inhaltsverzeichnis

Praktische Hinweise zur Benutzung des Buchs 6

Die Komponisten 7
        Dionisio Aguado 7
        Mauro Giuliani 7
        Fernando Sor 8

1. Kapitel: **Etüden zur Ausbildung des Lagenspiels** 9
        CD Track 1   SOR Moderato op. 44/6 10
        CD Track 2   SOR op. 60/3 12
        CD Track 3   SOR op. 60/4 14

2. Kapitel: **Etüden zur Ausbildung von Arpeggien** 17
        CD Track 4   AGUADO Lección 19 [Moderato] 18
        CD Track 5   AGUADO Ejercicio 4 (para la mano derecha) 20
        CD Track 6   SOR Leçon op. 31/6 [Andantino] 22
        CD Track 7   AGUADO Ejercicio 6 (para la mano derecha) 24
        CD Track 8   SOR Allegro op. 60/15 26
        CD Track 9   SOR op. 60/18 28
        CD Track 10 KÄPPEL Moderato 30
        CD Track 11 SOR Moderato op. 31/18 34
        CD Track 12 SOR Leçon op. 31/7 [Andantino] 36

3. Kapitel: **Etüden zur Ausbildung der LH-Bindungen** 39
        CD Track 13 KÄPPEL Andantino 40
        CD Track 14 KÄPPEL Slow Waltz 42
        CD Track 15 KÄPPEL Rockin' Gently 44

4. Kapitel:	**Etüden zur Ausbildung des Barré**	47
CD Track 16	SOR Moderato op. 31/11	48
CD Track 17	AGUADO Ejercicio 90 [Andantino]	50
CD Track 18	GIULIANI Andantino aus "Le Papillon" op. 50/21	52
5. Kapitel:	**Etüden zur Ausbildung des mehrstimmigen Melodiespiels**	55
CD Track 19	SOR Andante op. 31/1	56
CD Track 20	GIULIANI Grazioso op. 50/11	57
CD Track 21	SOR op. 60/13	59
CD Track 22	SOR Andante op. 60/14	60
CD Track 23	AGUADO Ejercicio 3 (Übung 3 aus Kapitel 1)	62
CD Track 24	SOR op. 60/12	64
CD Track 25	SOR op. 60/19	66
CD Track 26	AGUADO Lección 38 [Andantino]	68
CD Track 27	GIULIANI Larghetto aus "Le Papillon" op. 50/17	69
6. Kapitel:	**Etüden zur Ausbildung des zweistimmigen, nicht gleichzeitigen Anschlags** (p-i, p-m, p-a)	71
CD Track 28	AGUADO Lección 18 [Andantino]	72
CD Track 29	SOR Allegro moderato op. 60/17	75
CD Track 30	SOR op. 60/20	77
7. Kapitel:	**Etüden zur Ausbildung der Koordination von LH und RH**	81
CD Track 31	SOR op. 60/5	82
CD Track 32	GIULIANI Maestoso op. 1, Teil III, No. 1	84
CD Track 33	GIULIANI Andantino mosso op. 1, Teil IV, No. 3	86

■ Praktische Hinweise zur Benutzung des Buchs

Die vom Herausgeber angegebenen Fingersätze sind – soweit vorhanden – an den Originalfingersatz der Komponisten (besonders bei Fernando Sor) angelehnt. Sie beruhen auf langjähriger Unterrichtserfahrung, entsprechen dem Stand der Gitarrentechnik an der Schwelle zum 21. Jahrhundert und sind quantitativ so angelegt, daß sie den Notentext nicht überladen.

Da sie keinen dogmatischen Anspruch besitzen, können sie im Einzelfall zur besseren Entwicklung des Lernenden ohne weiteres verändert werden. Jedoch sollte jeglicher vorgegebene Fingersatz vom Schüler im ersten Lernstadium eines Werkes analysiert und bewußt nachvollzogen werden.

Manche LH-Fingersatzbezeichnungen stehen in Klammern (inklusive Saitenbezeichnungen) und sind als Alternative gedacht. Die erläuternden Texte mit Übehinweisen, die Angabe von SCHWIERIGEN STELLEN und die bei schwierigen Tonarten hinzugefügten Tonleitern sollen den Einstieg in das Studium der Etüden erleichtern. Bei den SCHWIERIGEN STELLEN habe ich jene berücksichtigt, die – wie die Erfahrung gezeigt hat – immer wieder zu Problemen führen. Sicherlich tauchen für den ein- oder anderen noch zusätzliche schwierige Passagen auf.

Die verschiedenen ANSCHLAGSMUSTER geben dem Schüler Gelegenheit, über einen längeren Zeitabschnitt an einer Studie zu üben und dadurch den Lernstoff zu intensivieren.

Dionisio Aguado
1784 - 1849

Die Bedeutung des 1784 in Madrid geborenen spanischen Gitarrenvirtuosen wurde lange Zeit unterschätzt. Mit Sicherheit war AGUADO nicht nur ein brillianter Techniker, sondern auch ein sensibler Musiker und umfassend ausgebildeter Komponist. Nicht umsonst wurde er von seinem berühmten Kollegen FERNANDO SOR als Duopartner und Freund hoch geschätzt. Sor schrieb sogar ein Gitarrenduett für ihre gemeinsamen Konzerte.

Ende des 18. Jahrhunderts war das Gitarrenspiel in Spanien sehr populär. So erhielt auch der junge AGUADO Gitarrenunterricht bei MIGUEL GARCIA - besser bekannt als PADRE BASILIO. Bis zu seinem 40. Lebensjahr lebte AGUADO sehr zurückgezogen in der Nähe von Madrid und widmete sich ausschließlich seinen Studien und der Lehrtätigkeit. Erst gegen Ende 1825 oder zu Anfang 1826 erhielt er die Möglichkeit, nach Paris zu gehen, wo er endlich sein Können als Musiker und Komponist unter Beweis stellen konnte und schnell zum Liebling der Salons avancierte. In der französischen Hauptstadt lernte AGUADO neben seinem Landsmann FERNANDO SOR auch so große zeitgenössische Musiker wie ROSSINI, BELLINI oder PAGANINI kennen und freundete sich mit ihnen an.

1838 kehrte er in seine Heimat Spanien zurück, um dort seine Lehrtätigkeit wieder aufzunehmen. Er verstarb im Dezember 1849 in Madrid im Alter von 65 Jahren.

Neben seinen Werken für Gitarre solo und einer umfangreichen Etüdensammlung gehört die 1825 in Madrid und 1826 in Paris in französischer Übersetzung erschienene Gitarrenschule "Nuevo Metodo para Guitarra" zu seinen wichtigsten Publikationen. Diese umfangreiche und ausführliche Gitarrenmethode, die ihre letzte Revision von AGUADO selbst 1843 erfuhr, machte ihn zum bedeutendsten Gitarrenlehrer des 19. Jahrhunderts und wird heutzutage noch hochgeschätzt. Seine "Estudios" behandeln alle grundlegenden Gitarrentechniken und sind in ihrer methodisch-didaktischen Nützlichkeit eine wichtige Bereicherung des heutigen Etüdenmaterials.

Mauro Giuliani
1781 - 1829

Der 1781 in Bisceglie bei Barletta geborene Italiener gilt neben SOR und AGUADO als der bedeutendste Gitarrenkomponist und Virtuose des 19. Jahrhunderts. Über seine Jugendjahre ist uns leider wenig bekannt. Erst 1807, im Alter von nahezu 26 Jahren, taucht er in der Öffentlichkeit auf und feiert in Wien erste internationale Triumphe als phänomenaler Spieler. In der österreichischen Metropole, die seine zweite Heimat wird, beginnt MAURO GIULIANIS glänzende Karriere als Musiker und Lehrer sowie als Komponist von Werken für Sologitarre, Gitarre und Flöte bzw. Geige, Gitarre und Gesang, Gitarre und Klavier sowie Gitarre und Orchester. Durch seine drei Orchesterkonzerte mit Gitarre solo wurde er der eigentliche Begründer des modernen Orchesterkonzerts. Die Emanzipation der Gitarre gegenüber den Orchesterinstrumenten hatte ihren Anfang genommen.

Seine zahlreichen Kompositionen trugen ihm nicht nur die Bekanntschaft und Achtung berühmter zeitgenössischer Kollegen wie HUMMEL, BEETHOVEN und SALIERI ein, sondern auch die Bewunderung von Marie-Luise von Österreich, die ihn zum Kammervirtuosen ernannte. Nach mehr als zwölf Jahren kreativen Schaffens kehrte GIULIANI - wohl auch aus finanzieller Not - nach Italien zurück. Die letzten Jahre seines Lebens lebte er relativ zurückgezogen mit seiner Familie in Neapel, wo er im Jahre 1829 nach langer, schwerer Krankheit verstarb.

GIULIANIS Solowerke zeichnen sich durch eine besonders melodiöse, doch auch höchst virtuose Schreibweise aus. Die Gitarre wird optimal bis hin zu den höchsten Lagen mit allen erdenklichen Arpeggien und Anschlagsarten eingesetzt. Seine Etüdenwerke sind vorzüglich für die technisch-musikalische Weiterentwicklung eines Schülers geeignet. Sie behandeln geradlinig und sehr ausgiebig die wesentlichen Aspekte der Gitarrentechnik. Manche seiner fortgeschrittenen Etüden sind teilweise Auszüge aus seinen Konzerten.

Fernando Sor

1778 – 1839

Für viele Gitarrenexperten ist der 1778 in Barcelona geborene Katalane der bedeutendste Gitarrenkomponist und -pädagoge des frühen 19. Jahrhunderts. Eine umfassende Ausbildung in musikalischer Elementarlehre, Singen und Tonsatz erhielt der junge SOR, neben dem ersten Unterricht durch seinen Vater, im berühmten Kloster von Montserrat.

Mit 17 Jahren begann er auf Wunsch seines Vaters eine militärische Ausbildung in einer Kadettenschule in Barcelona. Seine musikalischen Studien setzte er dennoch weiter fort, um zwei Jahre später seine erste Oper zu komponieren. Politische Veränderungen in Europa zur Zeit Napoleons sind die Beweggründe für eine Übersiedlung nach Paris im Jahre 1813. Nur zwei Jahre später wechselte er erneut sein Domizil – diesmal nach England –, um in London in seiner erfolgreichsten Schaffensperiode seine berühmtesten Gitarrenwerke zu schreiben.

Zahlreiche Konzertreisen führten ihn in die bedeutendsten europäischen Metropolen u.a. nach Moskau und zurück nach Paris, wo er sich schließlich 1826 endgültig niederließ und 1839 im Alter von 61 Jahren verstarb.

Mit seinem detaillierten und grundlegenden Lehrwerk für Gitarre schuf FERNANDO SOR 1830 einen pädagogischen Meilenstein. Doch sein überragender Beitrag zur Gitarrenliteratur ist neben Sonaten, Phantasien und Variationswerken zweifellos sein umfassendes Etüdenwerk mit weit über 100 Etüden auf verschiedenen Lernstufen, die u.a. durch ihre konsequente und höchst einfallsreiche Stimmführung unübertroffen sind.

1 ETÜDEN ZUR AUSBILDUNG DES LAGENSPIELS

Etüde No. 1

Diese bis auf einige Takte (6, 7, 24, 25, 29-32) einstimmige Etüde in G-Dur schult nicht nur das Tonleiter- oder Skalenspiel in der I. und V. Lage, sondern bietet auch eine Einführung in das harmonische (akkordische) Solospiel (keine Begleitakkorde!). Wir spielen also die einzelnen Töne der verschiedenen Harmonien hintereinander, d. h. zerlegt. Siehe auch **Schwierige Stellen**!

Achte auf den Fingersatz der rechten Hand (RH) und besonders auf den 4. Finger der linken Hand (LH), der sich beim Ton "fis" auf der ④. Saite strecken muß.

Bis auf den Akkordwechsel in den letzten beiden Takten werden alle Lagenwechsel über die leeren Saiten ausgeführt.

Schwierige Stellen

Takt 9-12

Takt 13-16

Takt 20-24

ETÜDEN ZUR AUSBILDUNG DES LAGENSPIELS

Moderato op. 44, No. 6

Fernando Sor

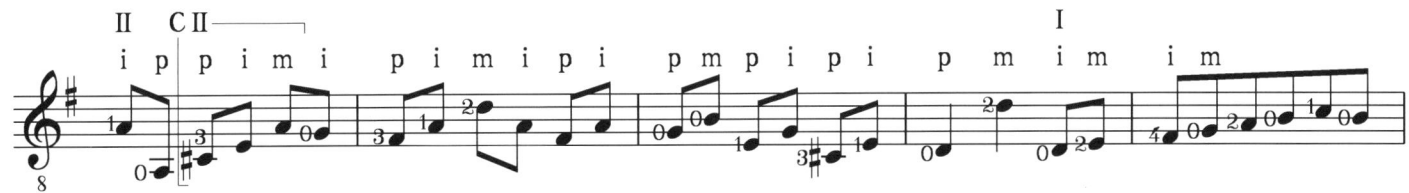
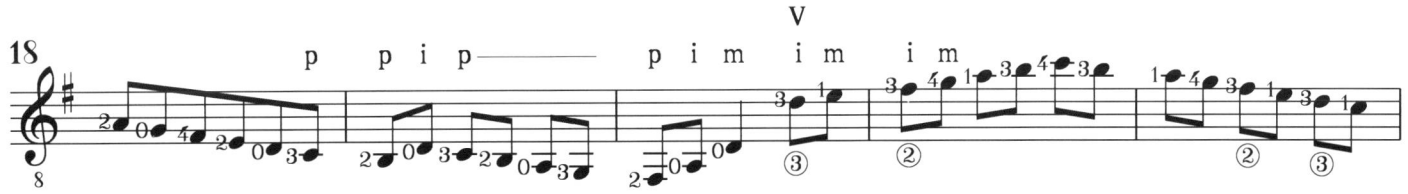
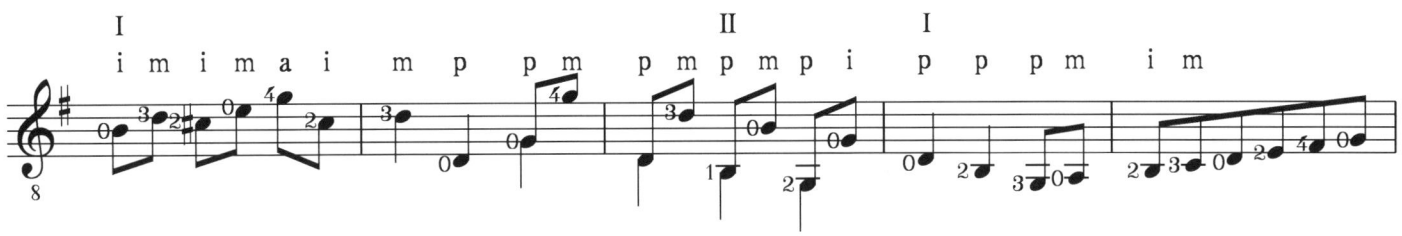
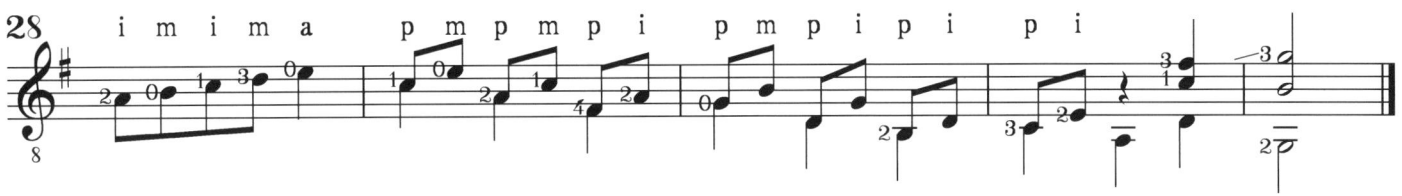

Etüde No. 2

Aus Fernando Sors wichtigstem Etüdenwerk für die Unterstufe op. 60 stammt diese Tonleiterstudie in der I. und II. Lage. Sie eignet sich gut zur Kräftigung des 4. Fingers und fördert seine Beweglichkeit.

Alle Lagenwechsel werden über die leeren Saiten ausgeführt mit Ausnahme der Takte 20 und 21: dort gleitet der 1. Finger in einem direkten Lagenwechsel von der II. zur I. Lage.

Schwierige Stellen

Takt 14–16

Takt 20–22

Anschlagsmuster

1

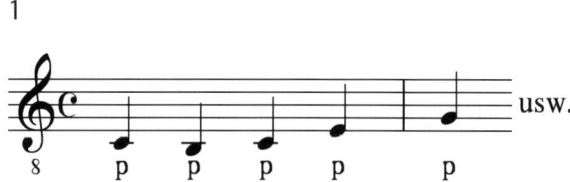

2

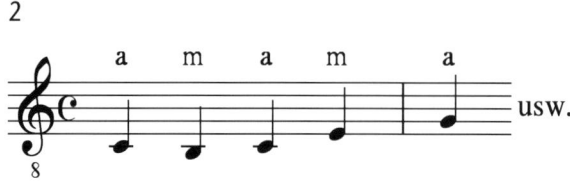

ETÜDEN ZUR AUSBILDUNG DES LAGENSPIELS

op. 60, No. 3
Fernando Sor

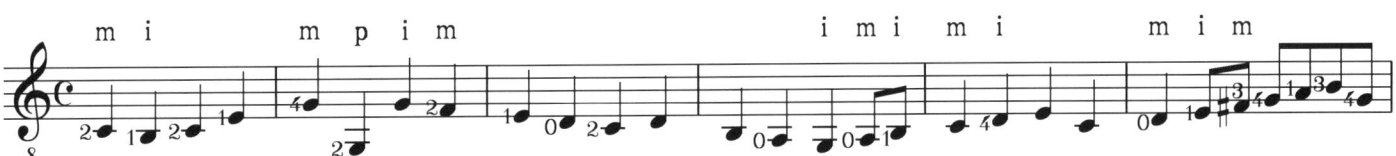

Etüde No. 3

Folgende Tonleiterstudie, ebenso aus Fernando Sors op. 60, steht in der für Gitarre nicht leichten, aber schönklingenden Tonart C-Moll!

C-Moll ist zwar auf der Gitarre prinzipiell gut zu greifen, Schwierigkeiten bereiten den meisten Anfängern jedoch die Vorzeichen, die leicht übersehen werden können: die zur Tonart direkt gehörenden Töne "b", "es" und "as" und melodisch Moll aufwärts die entsprechenden Noten mit Auflösungszeichen.
In unserer Etüde kommt noch ein "fis" und im 2. Teil ein "des" hinzu. Mit der unten angeführten Tonleiter führen wir uns die Töne in C-Moll noch einmal vor Augen.

Um das Spielen einer Melodie in verschiedenen Lagen besser demonstrieren zu können, finden wir die Studie in zwei Fassungen vor: die erste in der I. Lage, die zweite in der I., III. und IV. Lage. Hier sehen wir deutlich, wie sich der Fingersatz der RH dem veränderten Fingersatz der LH anpassen muß.

Alle Lagenwechsel in Fassung 2 werden, wenn möglich, über die leeren Saiten ausgeführt mit einer Ausnahme in Takt 10: dort erreicht der 1. Finger durch Zusammenziehen der LH die IV. Lage.

C-Moll-Tonleiter

Schwierige Stellen

Takt 3/4

Takt 10/11 in der I. Lage

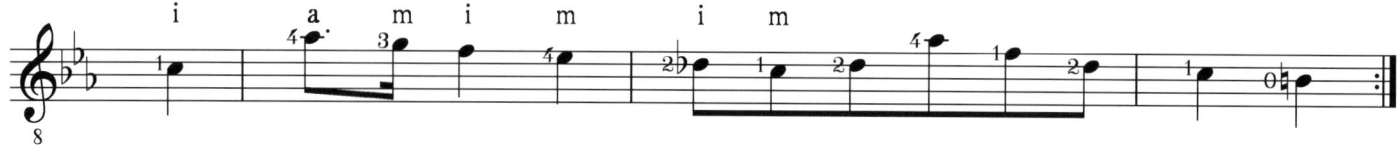

Takt 10/11 in der III. Und IV. Lage

ETÜDEN ZUR AUSBILDUNG DES LAGENSPIELS

op. 60, No. 4
Fernando Sor

Fassung 1

Fassung 2

✻ = Der "neapolitanische Sextakkord", auch "Neapolitaner" genannt, wird in jeder Tonart auf der erniedrigten II. Stufe als Durdreiklang gebildet.

2 ETÜDEN ZUR AUSBILDUNG VON ARPEGGIEN

Etüde No. 4

Aus Dionisio Aguados Lehrbuch (Lección 19), einer der wichtigsten Gitarrenschulen des 19. Jahrhunderts, stammt diese einfache Arpeggienetüde mit dem häufig anzutreffenden Anschlagsmuster: **p-i-m-i**.

Die Akkorde der Etüde eignen sich vorzüglich als Grundlage für weitere Anschlagsmuster.

Schwierige Stellen

Anschlagsmuster

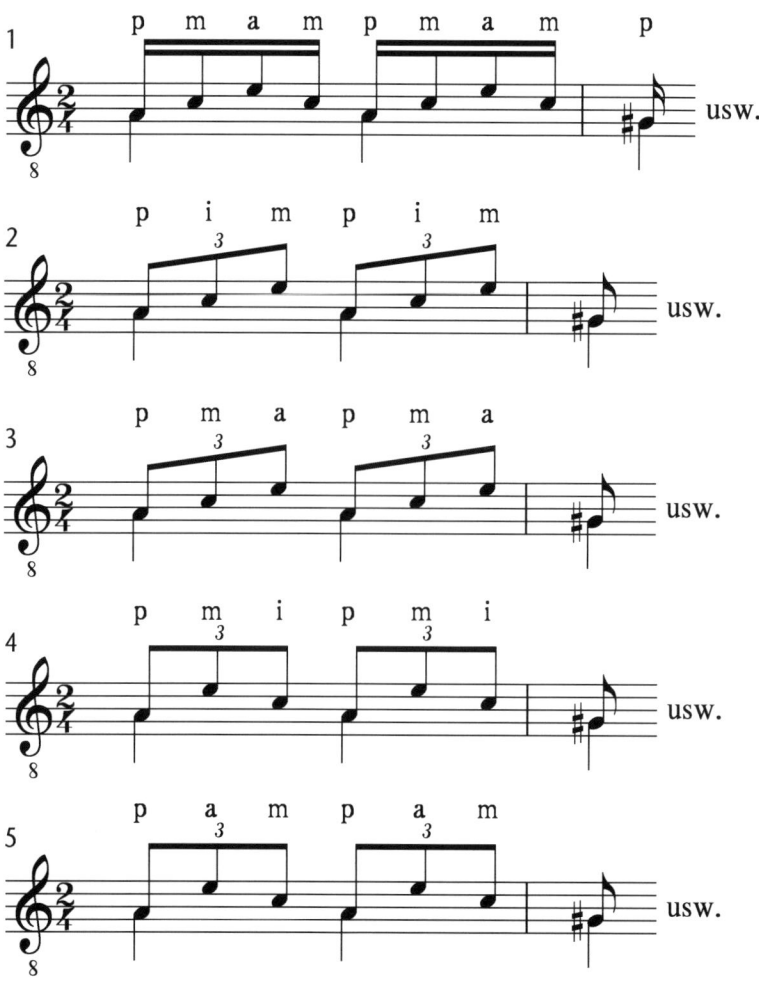

Lección 19 [Moderato]

Dionisio Aguado

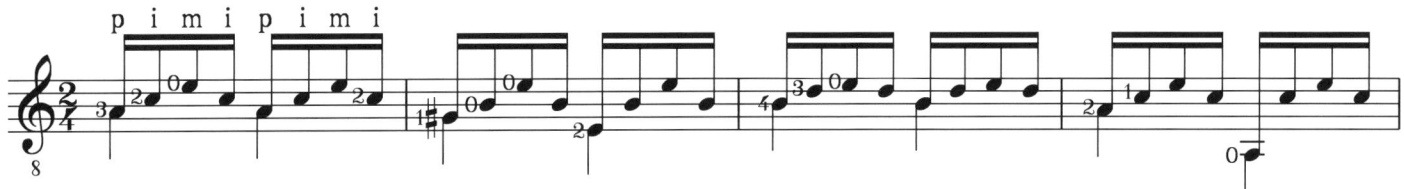
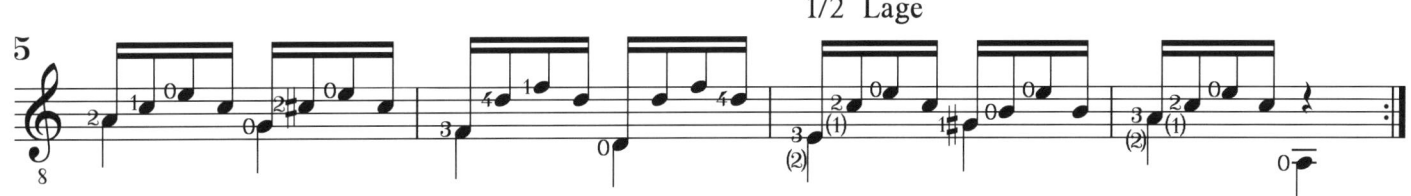
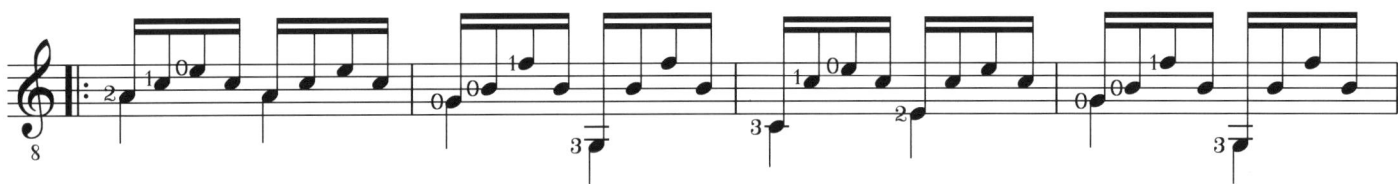
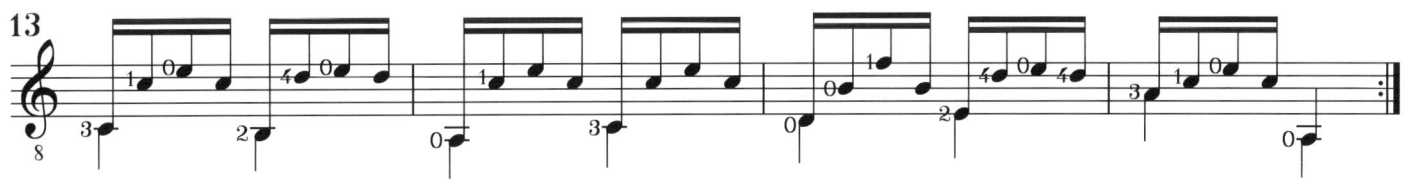

Etüde No. 5

Die zweite Arpeggienetüde in diesem Kapitel, ebenso von Dionisio Aguado, fördert nicht nur das Grundanschlagsmuster **p-i-m**, sondern auch die Beweglichkeit des Daumens, der in Sechzehntelbewegung zweimal hintereinander anschlägt.

Wie für viele Etüden typisch, gibt es gegen Ende – hier in den letzen 4 Takten – schwierige Passagen für RH und LH. Im vorletzten und letzten Takt überstreckt sich der 1. Finger zum Ton "e" auf der ④-Saite, während sich zusätzlich noch der RH-Fingersatz von **p-i-m** auf **p-i-a** ändert.
Auch diese Akkorde eignen sich vorzüglich als Grundlage für weitere Anschlagsmuster.

Schwierige Stellen

Takt 1

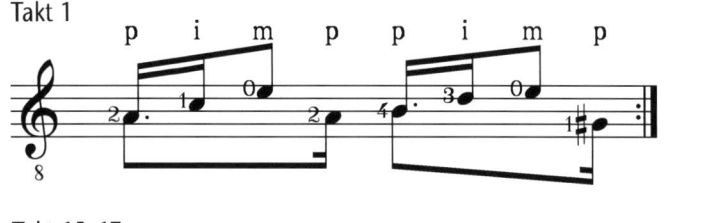

Takt 15-17

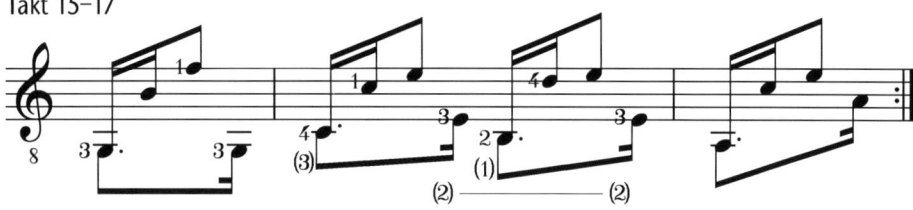

Takt 21/22

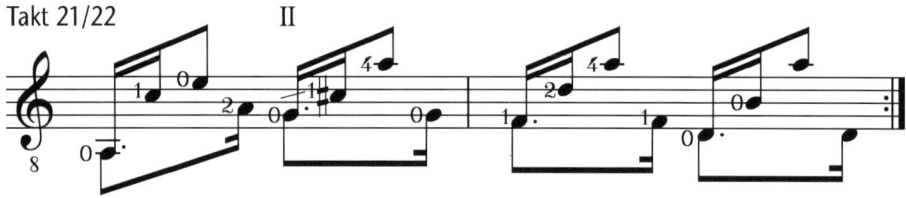

Takt 22-24

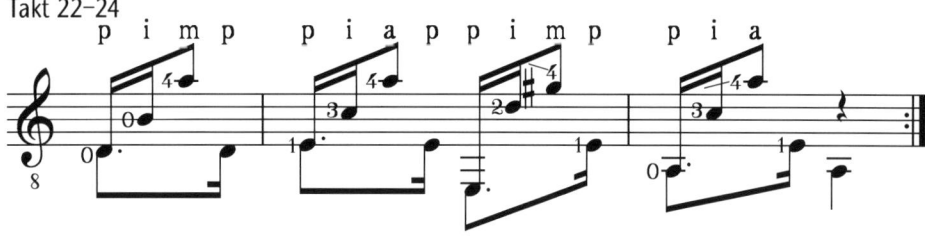

Anschlagsmuster

1

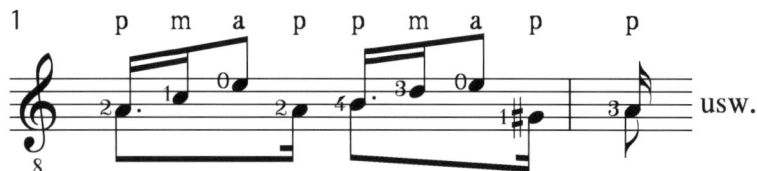

Beim folgenden Anschlagsmuster wird der Rhythmus leicht verändert. Daher spielen wir das "a" im 2. Takt mit dem 2. Finger.

2

Anstelle von **p-i-a** im vorletzten Takt kann auch **p-i-m** bzw. **p-m-a** gespielt werden.

CD Track 5

Ejercicio 4 (para la mano derecha) *

Dionisio Aguado

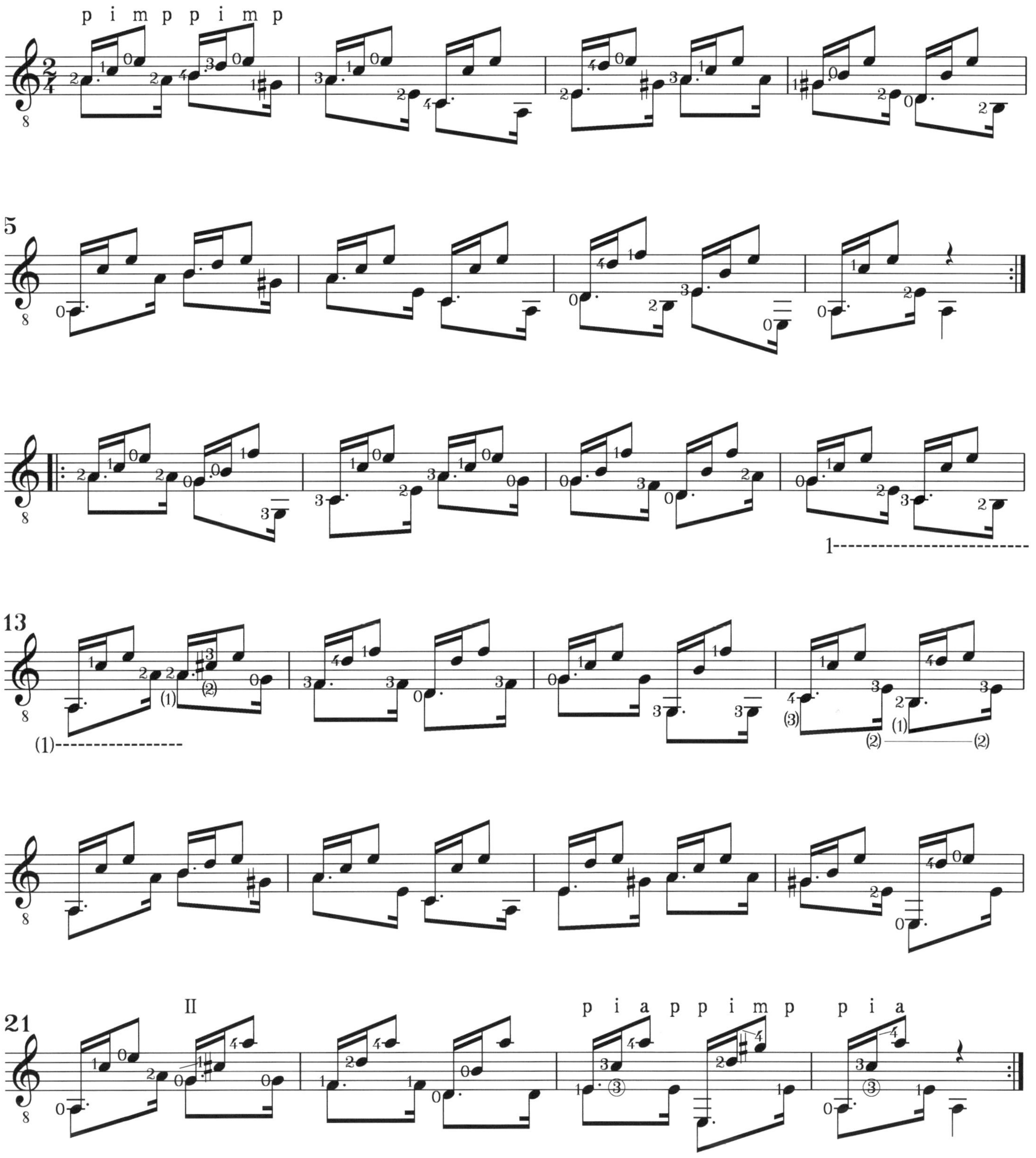

* = für die rechte Hand

Etüde No. 6

Fernando Sor hat wohl die meisten Etüden für alle erdenklichen Lernstufen geschrieben. Sie zeichnen sich durch Klangschönheit und Einfallsreichtum aus.

Die E-Moll-Etüde aus op. 31 behandelt das (nicht nur) in der klassischen Epoche mit am häufigsten vorkommende Anschlagsmuster **p-i-m**, das bis auf wenige Takte die ganze Etüde beherrscht. In den Takten 10, 11 und 15 können die Arpeggien **p/i-m-a** und **p-i-a** den Fluß der Studie etwas hemmen. Mit **Vorübungen auf leeren Saiten** kann dies verhindert werden.

Die folgende E-Moll-Tonleiter soll uns die aufwärts veränderten Töne in melodisch Moll veranschaulichen.

E-Moll-Tonleiter

Schwierige Stellen

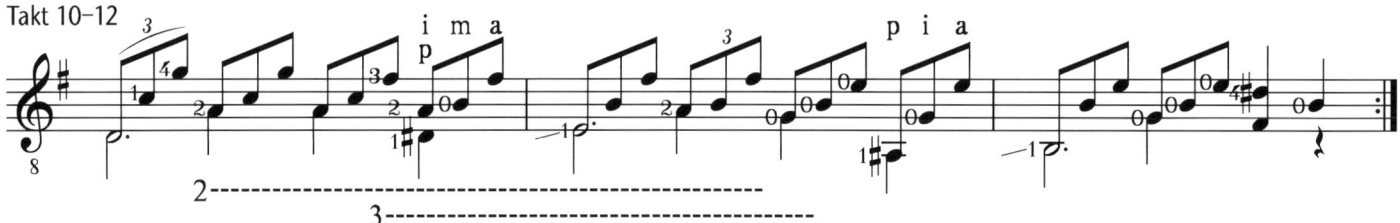

Besonderheiten – Flageolettöne

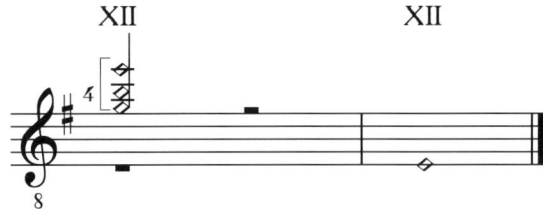

In den letzten beiden Takten finden wir eckige Noten vor, die sogenannten Flageolettöne. Sie werden durch leichtes Berühren am entsprechenden Bund – hier XII. Bund – bzw. durch kurzes Auflegen des gestreckten 4. Fingers mit sofortigem Abheben desselben nach erfolgtem Anschlag erzeugt. Sie entstehen durch physikalische Teilung der klingenden Saitenlänge. Am XII. Bund werden die Saiten in zwei gleiche Hälften geteilt. **Wir hören also die leeren Saiten nur eine Oktave höher!**

Anschlagsmuster

ETÜDEN ZUR AUSBILDUNG VON ARPEGGIEN

Leçon op. 31, No. 6 [Andantino]

Fernando Sor

※ = Flageolettöne

Etüde No. 7

Und noch einmal "trainieren" wir den Anschlag **p-i-m** in der Aguado-Etüde in G-Dur, jedoch im Wechsel mit geschlossenen Akkorden.

Im zweiten Teil dieses kurzen Stücks spielen wir **p-i-m** und **p-i-a** nacheinander, was wir wieder auf leeren Saiten vorüben.

Übungen auf leeren Saiten

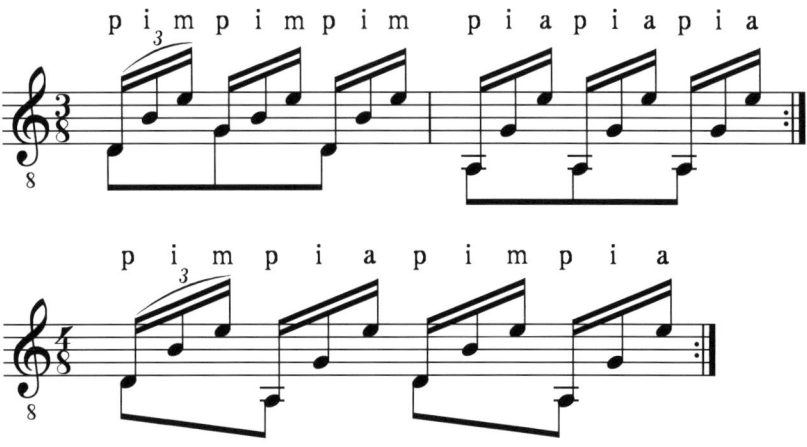

Schwierige Stellen

Takt 14-16

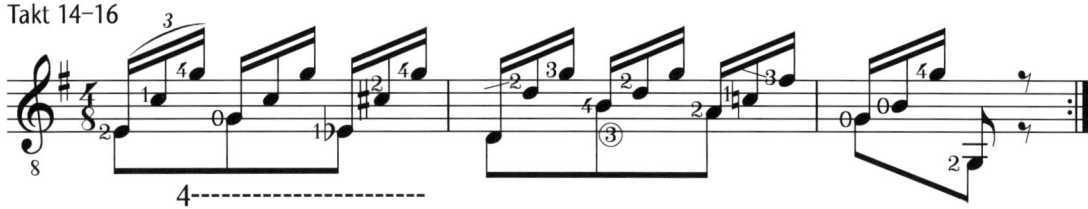

ETÜDEN ZUR AUSBILDUNG VON ARPEGGIEN

Ejercicio 6 (para la mano derecha) ※

Dionisio Aguado

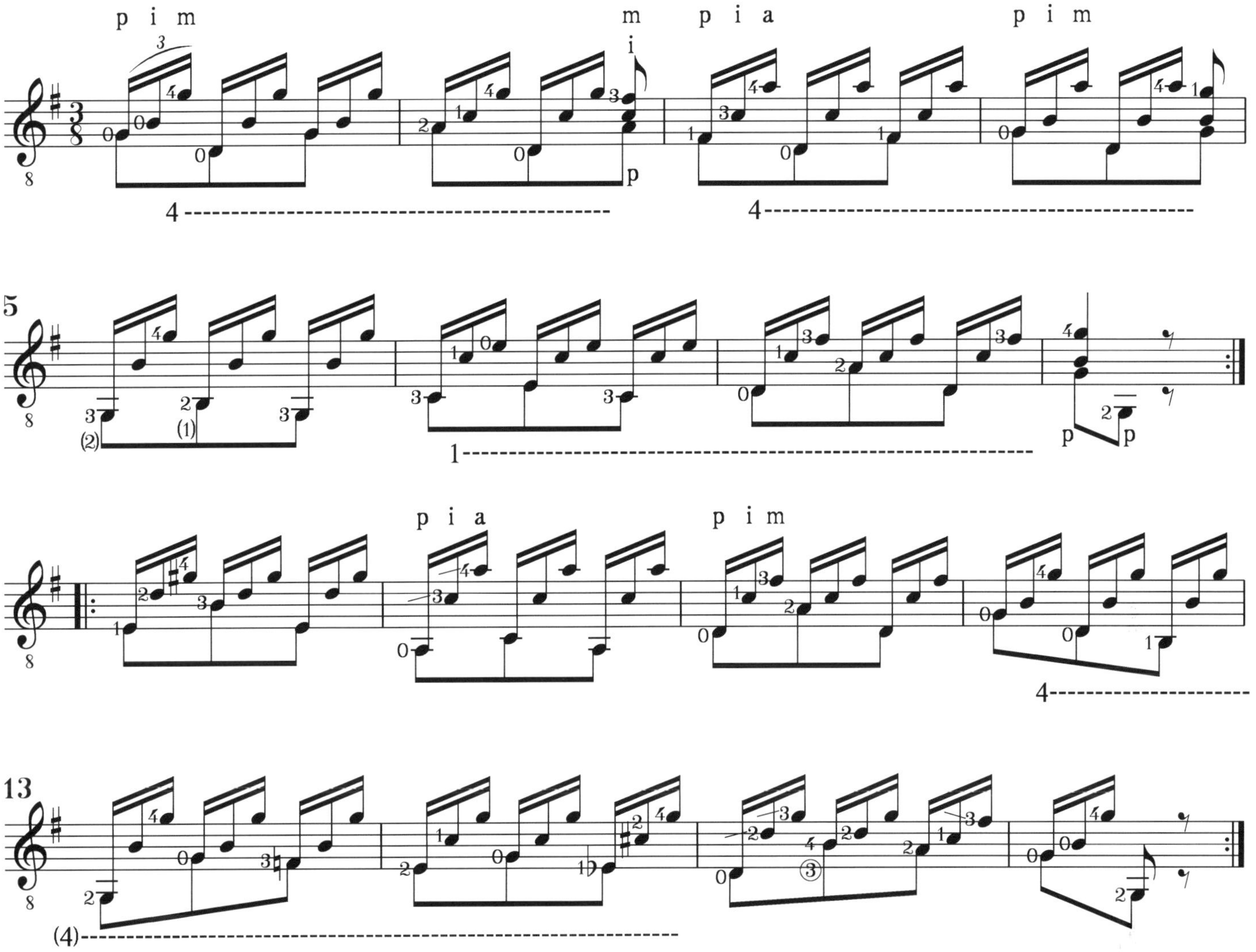

※ = für die rechte Hand

Etüde No. 8

Fernando Sors Allegro aus op. 60 ist keine reine Arpeggienetüde. Akkordanschlag und Arpeggien wechseln jeweils nach mehreren Takten ab.

Im zweiten Teil mischen sich LH-Aufschlag- und Abzugbindungen unter die Arpeggien. Hier müssen wir besonders auf rhythmische Genauigkeit achten. Die "angebundenen" Töne können leicht zu früh kommen. Wir üben dies in langsamen Achteln, die laut mitgezählt werden.

E-Dur-Tonleiter

Schwierige Stellen

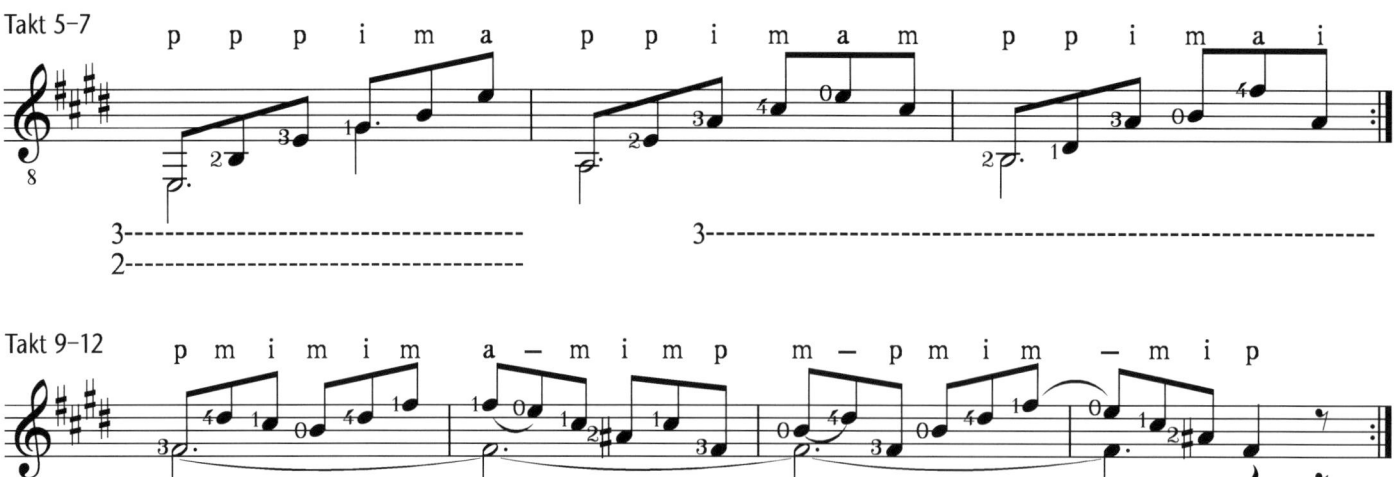

ETÜDEN ZUR AUSBILDUNG VON ARPEGGIEN

Allegro op. 60, No. 15
Fernando Sor

Etüde No. 9

In der fünften Arpeggienetüde – wieder aus Sors berühmtem Zyklus op. 60 – begegnet uns erneut das Anschlagsmuster **p–i–m–i** in Sechzehnteln, gefolgt von jeweils einer Viertelnote, die mit dem Daumen angeschlagen wird.

Im letzten Drittel wechselt sich der Arpeggioanschlag **p–i–a–i** mit dem geschlossenen Anschlag **p/i/a** ab. Dieser schwierige Wechsel muß auf leeren Saiten vorgeübt werden.

Übung auf leeren Saiten

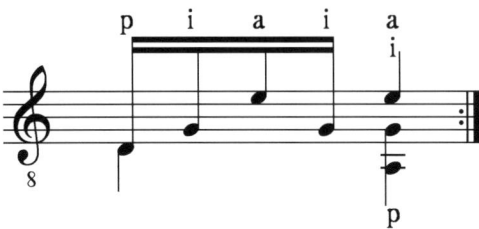

Schwierige Stellen

Takt 10

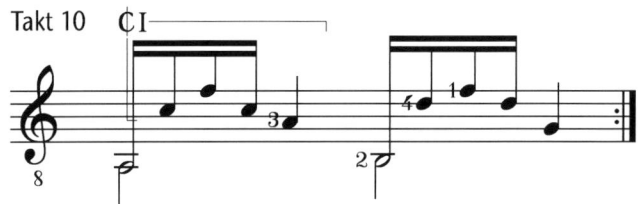

Takt 11–13

Takt 19/20

Takt 23–25

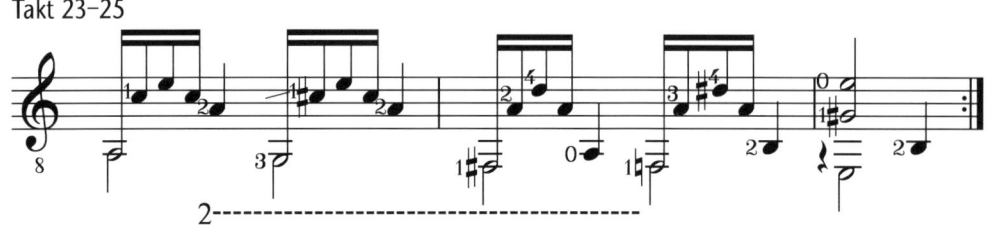

ETÜDEN ZUR AUSBILDUNG VON ARPEGGIEN

op. 60, No. 18
Fernando Sor

Etüde No. 10

Das Grundarpeggio **p**–**i**–**m**–**a** wird in dieser Etüde konsequent von Anfang bis Ende durchgehalten. Um die richtige Betonung zu erhalten, müssen wir die erste Viertelpause in Takt 1 unbedingt mitzählen und -fühlen.

Zwischen den Takten 11/12 und 13/14 muß der Lagenwechsel jeweils schnell und leicht ausgeführt werden, um die Gleichmäßigkeit der Sechzehntel in der RH zu gewährleisten.

Schwierige Stellen

Takt 11/12

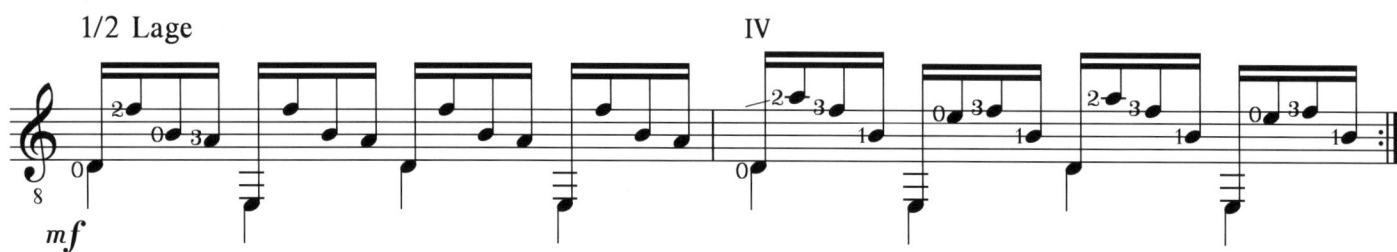

Takt 19–21

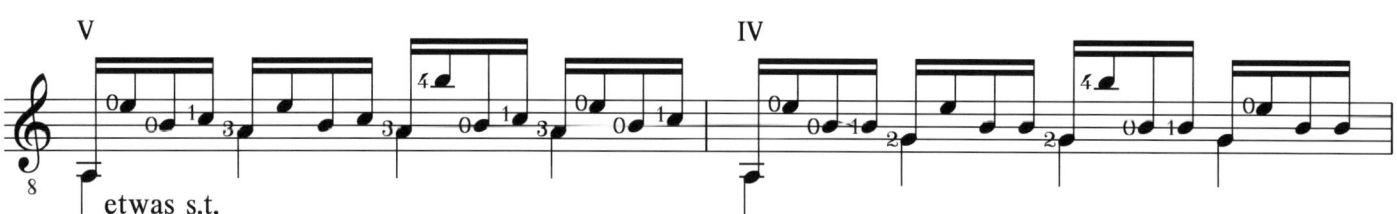

ETÜDEN ZUR AUSBILDUNG VON ARPEGGIEN

Anschlagsmuster

1
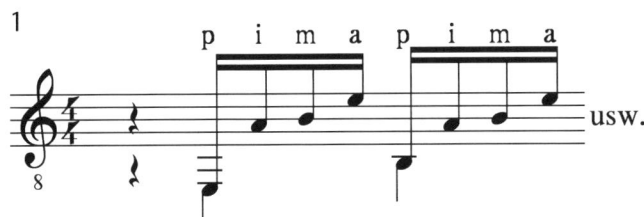

2
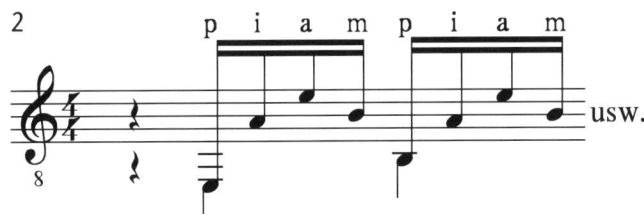

3
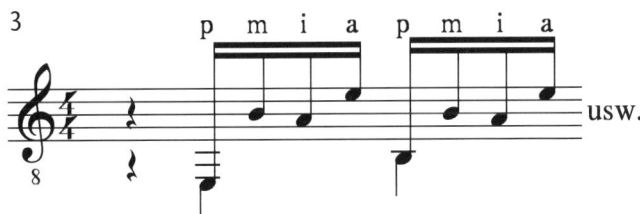

4
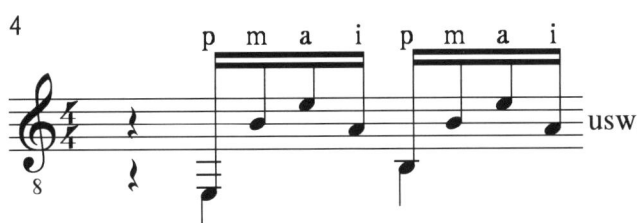

5
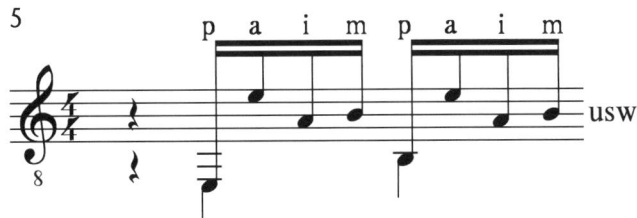

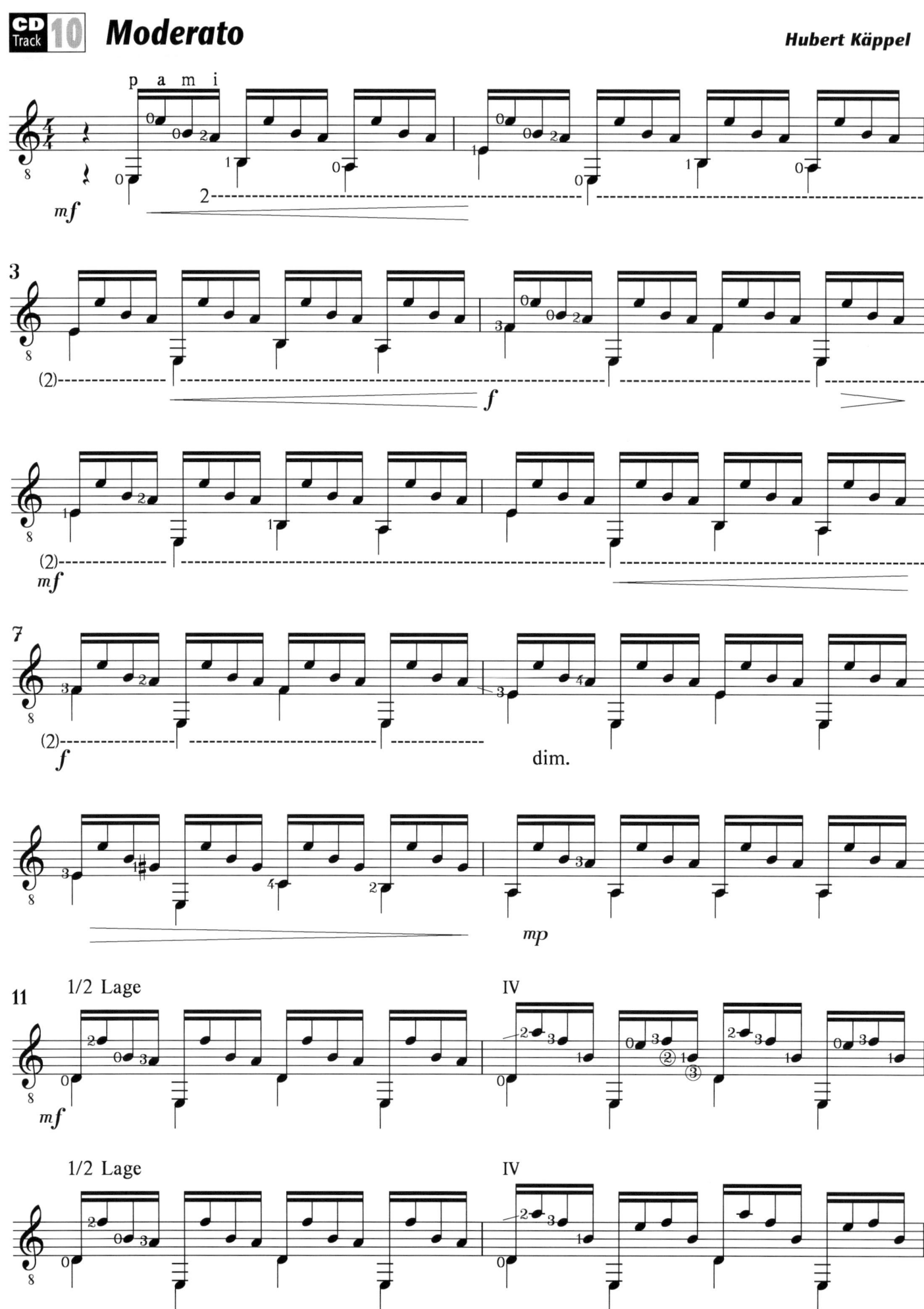

ETÜDEN ZUR AUSBILDUNG VON ARPEGGIEN

etwas s.p.

etwas s.t.

dim.   rall.   p

Etüde No. 11

Die letzten beiden Arpeggienetüden aus Fernando Sors Zyklus op. 31 haben einen höheren Schwierigkeitsgrad als die vorherigen und liegen zwischen Unter- und Mittelstufe.

Die H-Moll-Etüde ist eine harmonisch interessante, kleine Komposition mit unterschiedlichen Anschlagsmustern. Schwierig sind kleine Abweichungen vom Anschlagsschema und schnell wechselnde Muster.

Der zweite Teil fordert von der LH viel Geschicklichkeit und gleich zu Anfang einen Barrégriff in der II. Lage. Damit wir die Vorzeichen von H-Moll auch rechtzeitig erkennen, schauen wir uns die H-Moll-Tonleiter in melodisch Moll einmal genauer an.

H-Moll-Tonleiter

Schwierige Stellen

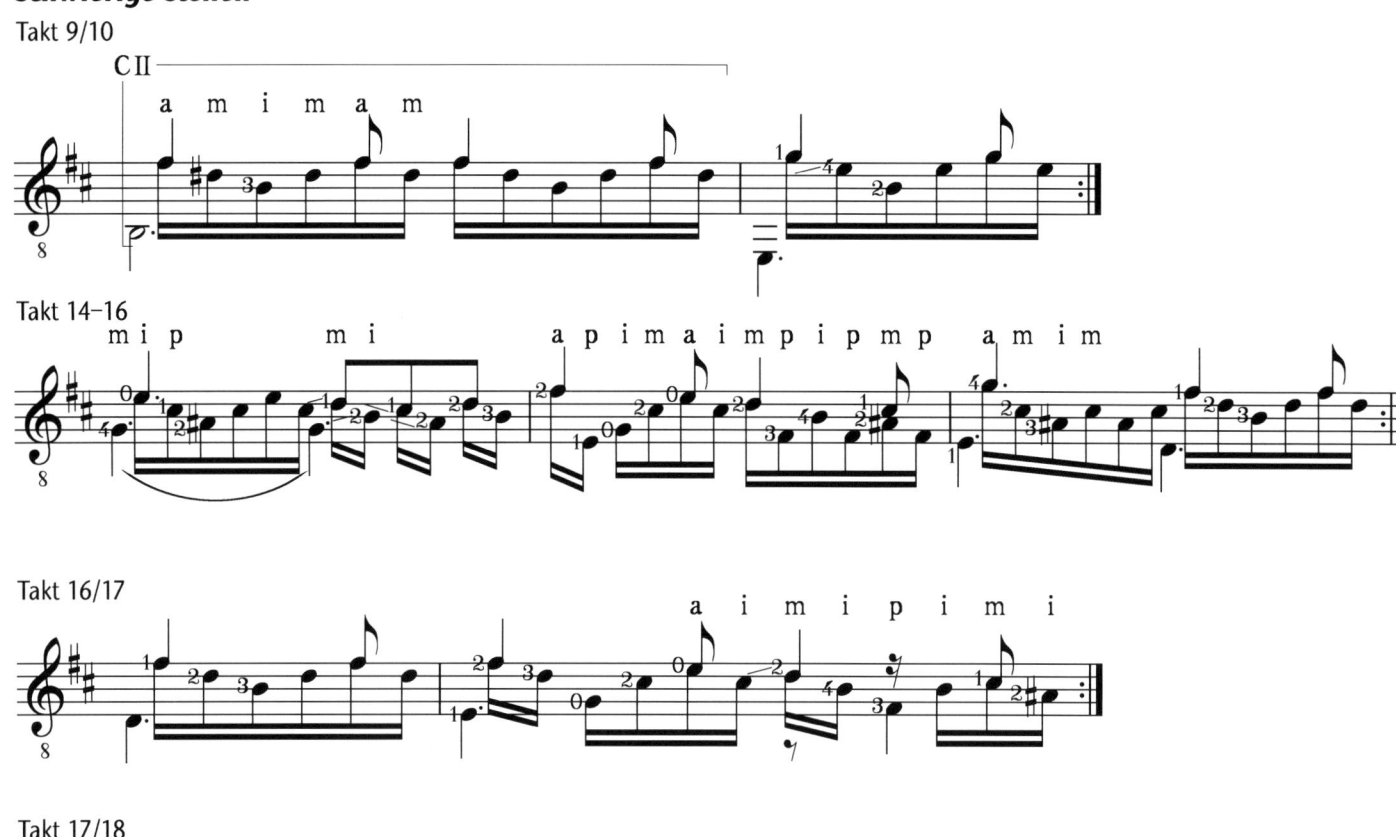

Besonderheiten:

Takt 20 ist für die LH vereinfacht worden. Original stehen hier zwei Barrégriffe in der VI. und VII. Lage (siehe Notenanmerkung am Ende der Etüde).

ETÜDEN ZUR AUSBILDUNG VON ARPEGGIEN

Moderato op. 31, No. 18
Fernando Sor

※ = original

Etüde No. 12

Die Etüde von Sor op. 31, No. 7 in E-Dur ist hervorragend für die Ausbildung des Ringfingers geeignet. An dieser fortgeschrittenen Etüde kann auch das Zusammenwirken und die Abhängigkeit der Fingersätze einerseits für die rechte, andererseits für die linke Hand genau studiert werden.

Daher: Wenn ein Fingersatz für die LH geändert wird, muß der Fingersatz für die RH immer dementsprechend angepaßt (und verändert) werden und umgekehrt.

Schwierige Stellen

Takt 3/4
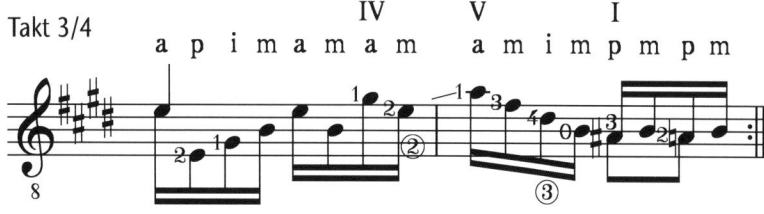

Takt 6/7
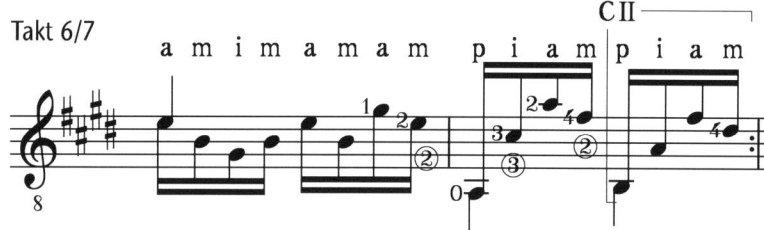

Takt 9/10
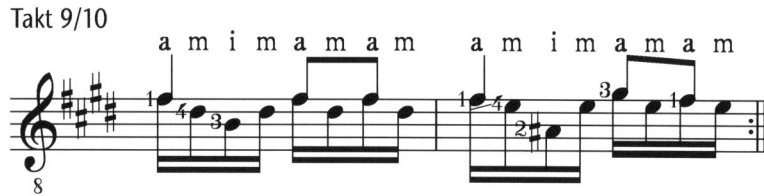

Takt 16–19
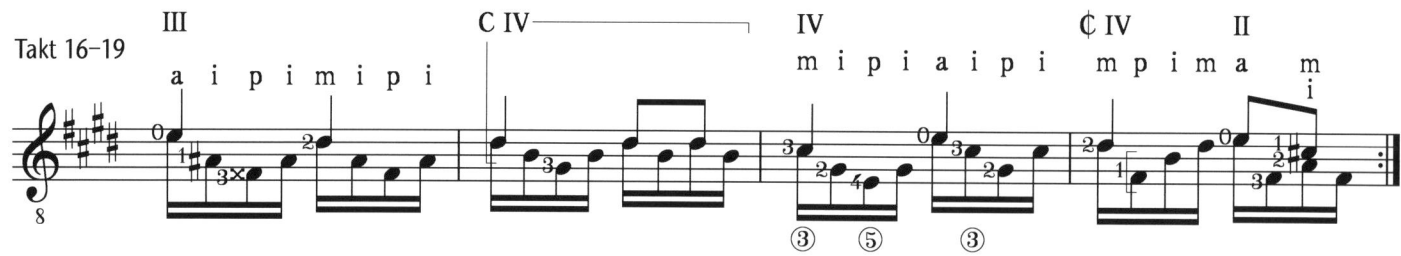

Takt 23/24
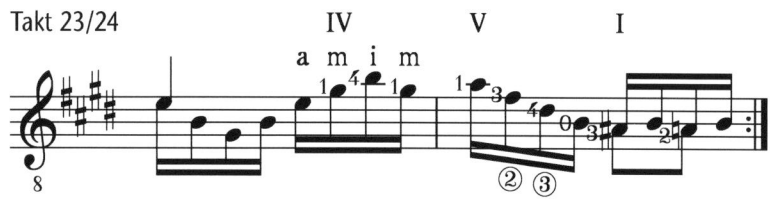

CD Track 12

Leçon op. 31, No. 7 [Andantino]

Fernando Sor

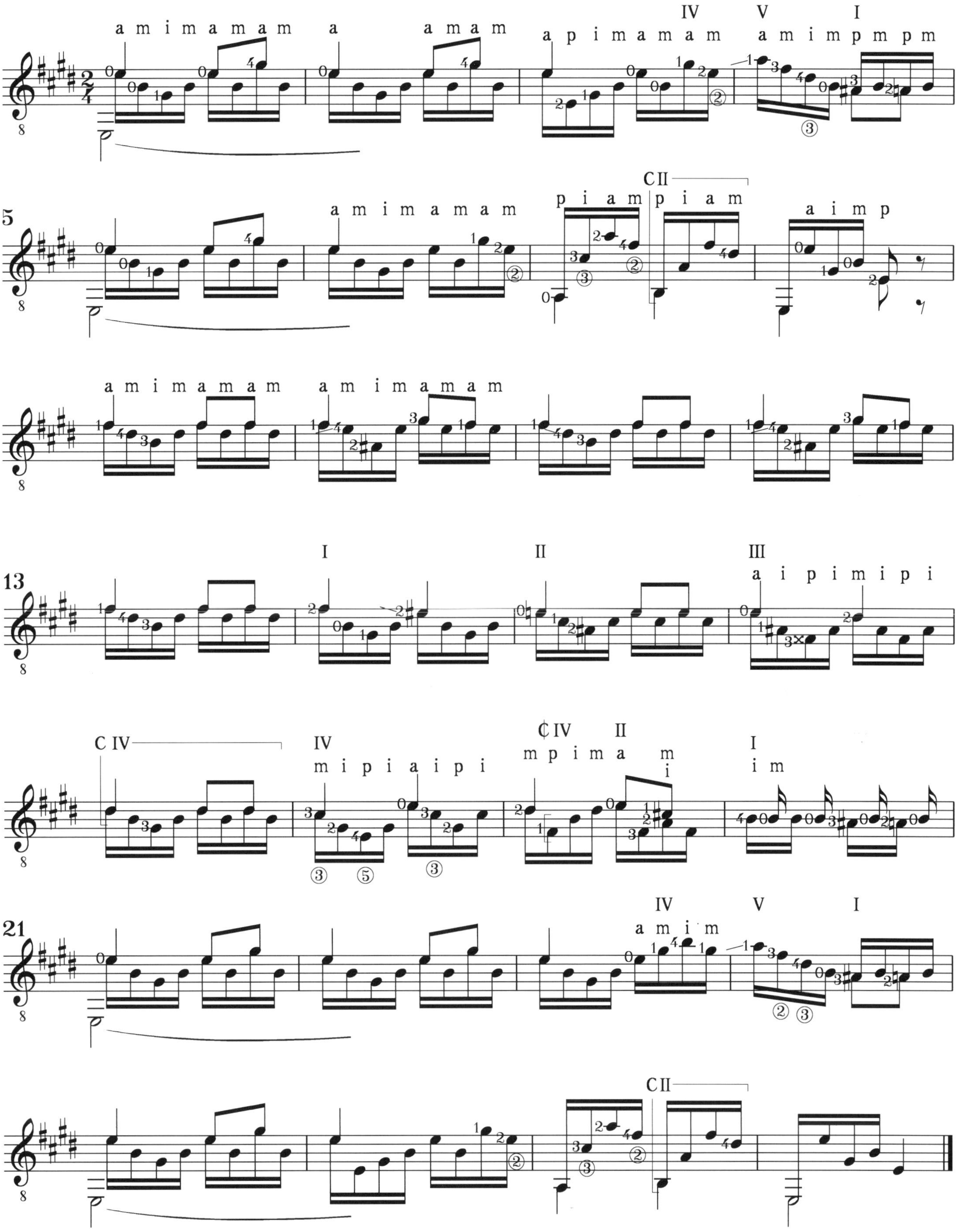

Weitere Arpeggienetüden aus anderen Kapiteln:

Seite 57   Kapitel 5   Etüde No. 20 op. 50/11   von M. Giuliani
Seite 77   Kapitel 6   Etüde No. 30 op. 60/20   von F. Sor

3 ETÜDEN ZUR AUSBILDUNG DER LH-BINDUNGEN

Etüde No. 13

Aufschlag- und Abzugbindungen – ein elementarer Bestandteil der Gitarrentechnik – erschweren die Koordination von Anschlagshand und Greifhand.

Die Tonerzeugung obliegt normalerweise der RH, der Anschlagshand. Bei LH-Bindungen jedoch ist die LH, die Greifhand, ebenso an der Tonerzeugung beteiligt. Die LH erzeugt den Ton einerseits durch regelrechtes Anschlagen (Abzugbindung), andererseits durch Aufschlagen mit der Fingerkuppe auf die Saite kurz vor dem Bundstab (Aufschlagbindung).

In der folgenden Etüde üben wir vorwiegend die Aufschlagbindung mit verschiedenen Fingern. An einigen Stellen müssen wir mit dem 1. Finger zur leeren Saite abziehen. Diese mit der LH erzeugten, "abgezogenen" Töne dürfen auf keinen Fall zu laut werden. Überhaupt müssen die von der LH durch Bindung erzeugten Noten nahezu gleiche Lautstärke haben, wie die von der RH normal erzeugten Töne.

Schwierige Stellen

Da fast jeder Takt eine mehr oder weniger SCHWIERIGE STELLE ist, üben wir diese Etüde taktweise:

> Den 1. und 2. Takt zweimal langsam (Achtel = langsame Schritte),
> danach zwei- bis viermal etwas schneller (nur so schnell, wie wir noch gleichmäßige Achtel spielen können!).
> Mit Takt 3 und 4 verfahren wir ebenso. Dann genauso mit Takt 5 und 6... und so weiter.

Obwohl sich einige Takte wiederholen, bleiben wir stur bei unserer Übemethode. Auf diese Weise üben wir noch intensiver!

ETÜDEN ZUR AUSBILDUNG DER LH-BINDUNGEN

Andantino
Hubert Käppel

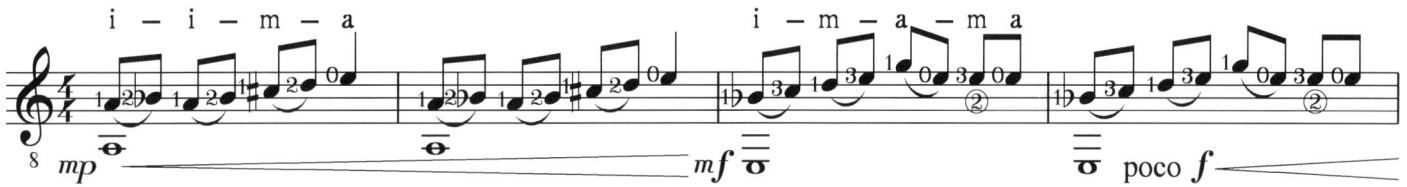
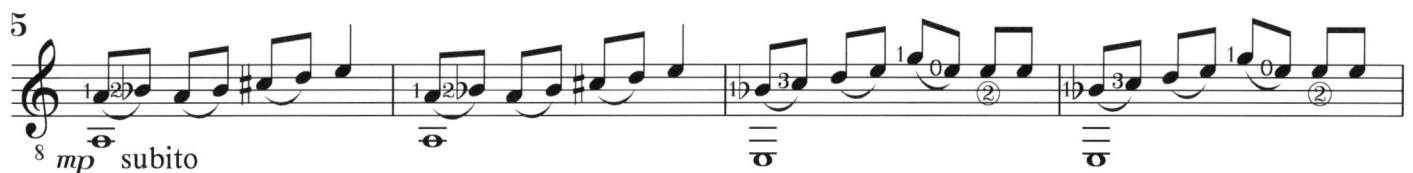
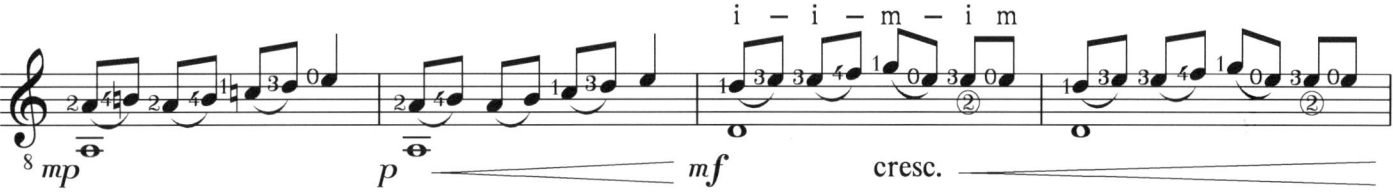
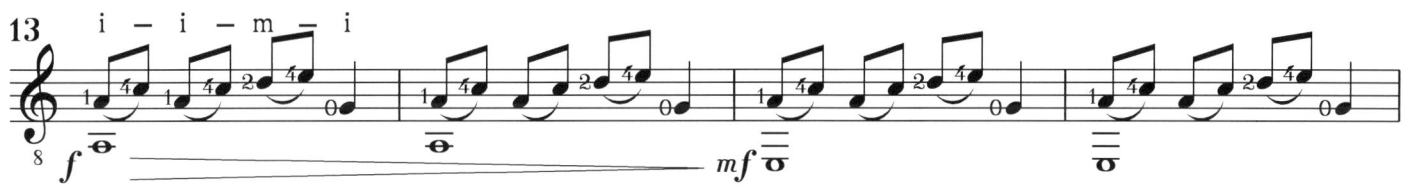
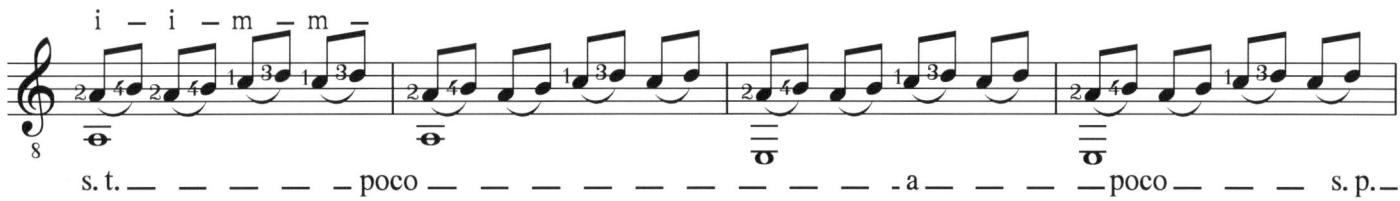

Etüde No. 14

In der Etüde No. 14 im Walzertakt können wir uns voll und ganz auf die triolische Aufschlagbindung konzentrieren, da die Begleittöne immer auf leeren Saiten - notiert in Viertelnoten - gespielt werden.

Die drei Töne dieser häufig anzutreffenden LH-Bindung müssen gleichlaut sowie gleichmäßig hintereinander erzeugt werden. Dabei wird der 1. Ton immer von der RH, der 2. und 3. Ton durch Aufschlagbindung erzeugt. Wir üben folgende Kombinationen:

1 - 2 - 4

1 - 3 - 4

0 - 1 - 2

Achte auf das "Da Capo"-Zeichen. Die Etüde wird bis zum ⊕-Zeichen wiederholt, dann springen wir beim zweiten ⊕-Zeichen in die letzten vier Takte und spielen bis "Fine".

Schwierige Stellen

Da auch hier fast jeder Takt eine mehr oder weniger SCHWIERIGE STELLE ist, üben wir wieder taktweise:

> Den 1. und 2. Takt zweimal langsam (Viertel = sehr langsame Schritte),
> danach zwei- bis viermal etwas schneller (nur so schnell, wie wir noch gleichmäßige Achteltriolen spielen können!).
> Mit Takt 3 und 4 verfahren wir ebenso. Dann genauso mit Takt 5 und 6... und so weiter.

Slow Waltz

Hubert Käppel

ETÜDEN ZUR AUSBILDUNG DER LH-BINDUNGEN

Etüde No. 15

In der letzten der drei Etüden zur Ausbildung der LH-Bindungen beschäftigen wir uns hauptsächlich mit Abzugbindungen. Der etwas schwer zu lesende Rhythmus ist, wenn er einmal läuft, relativ einfach und nicht fremd für unsere Ohren. Das kleine Werk ist für den Übergang von Unter- zur Mittelstufe gedacht und fordert auch den fortgeschrittenen Gitarristen heraus.

Rhythmisch schwierig ist der Übergang von normalen Achteln in Achteltriolen in Takt 12 und 13. Hierzu eine rhythmische Klopfübung. Siehe unten!

Die Takte 21 und 22 sind besonders zu beachten. Hier wird mit allen Fingern (außer dem 1.) nacheinander "abgezogen"! Dabei darf die Gleichmäßigkeit der Achteltriolen nicht verloren gehen.

Klopfübung

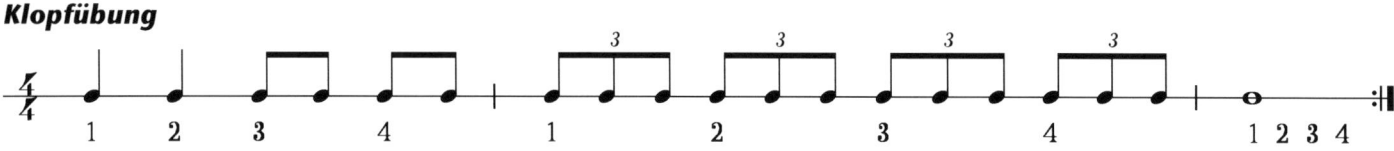

Schwierige Stellen

Auch hier sollten wir taktweise wie in den vorherigen Etüden üben. Siehe Etüde No. 13, Seite 40/41.

Takt 21/22

ETÜDEN ZUR AUSBILDUNG DER LH-BINDUNGEN

Rockin' Gently
Hubert Käppel

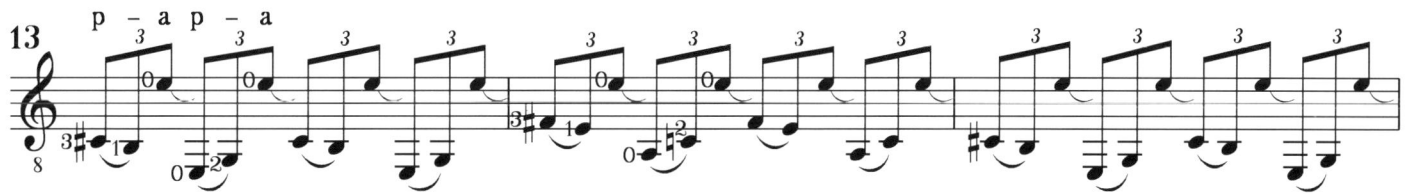
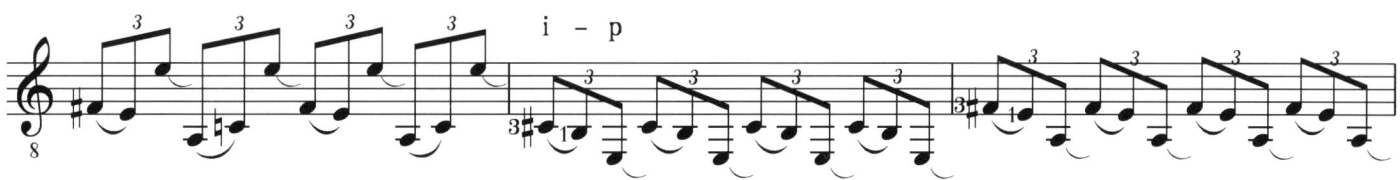
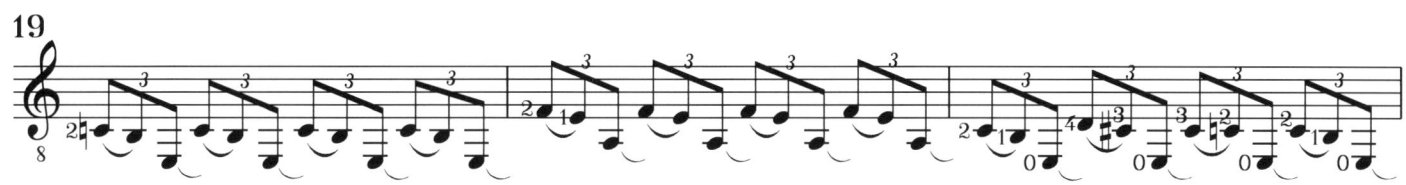
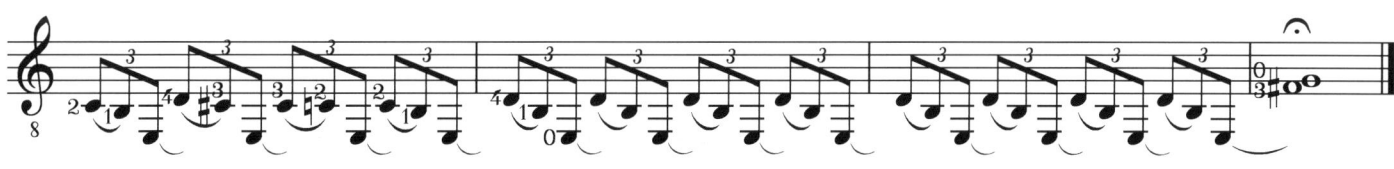

4 ETÜDEN ZUR AUSBILDUNG DES BARRÉ

Etüde No. 16

Die Barrétechnik erfordert große Ausdauer, so daß sie nur in kurzen, wenige Sekunden dauernden Abschnitten geübt werden kann. Das Hauptproblem besteht in der zwar kurzen, aber sehr intensiven Kraftausübung des 1. gestreckten Fingers quer über die Saiten mit anschließender sofortiger Entspannung.

In der Sor-Etüde in F-Dur, op. 31, No. 11 haben wir es vorwiegend mit dem kleinen Quergriff zu tun, der längstens ganztaktig, jedoch meist halbtaktig zu halten ist.

Zur Sicherheit und um Lesefehler zu vermeiden, hier die Töne von F-Dur als Durtonleiter.

F-Dur-Tonleiter

Schwierige Stellen

Takt 3

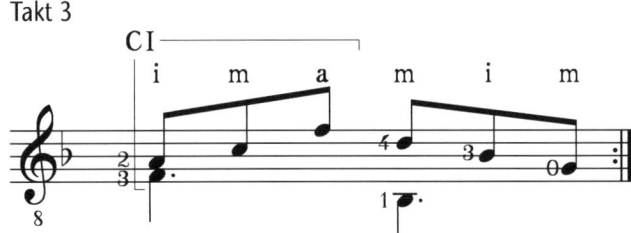

Der Barréfinger geht hier bis zur ④. Saite, um sich in der zweiten Takthälfte beim Ton "b" auf der ⑤. Saite wieder (gebeugt und "hämmerchenförmig") aus seiner gestreckten Position aufzurichten.

ETÜDEN ZUR AUSBILDUNG DES BARRÉ

Moderato op. 31, No. 11

Fernando Sor

Etüde No. 17

Bei der wunderschönen Aguado-Etüde in F-Moll wird der Barrégriff wie in der vorhergehenden Sor-Etüde nur wenige Töne lang gehalten.

Zusätzliche Schwierigkeiten können dem fortgeschrittenen Gitarristen die vier Vorzeichen von F-Moll, der Paralleltonart von As-Dur, bereiten. Um kein Vorzeichen zu übersehen, spielen wir vorab die F-Moll-Tonleiter in melodisch Moll in der I. und III. Lage. Die erniedrigten (tiefalterierten) Töne heißen: "b", "es", "as" und "des".

F-Moll-Tonleiter

Schwierige Stellen

Takt 4/5, 12/13 und 28/29

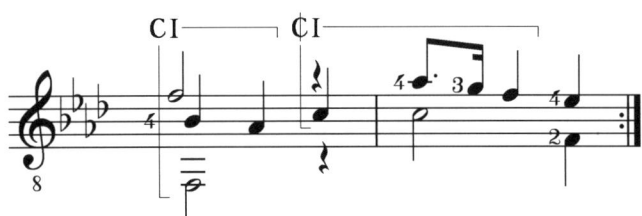

Takt 16/17

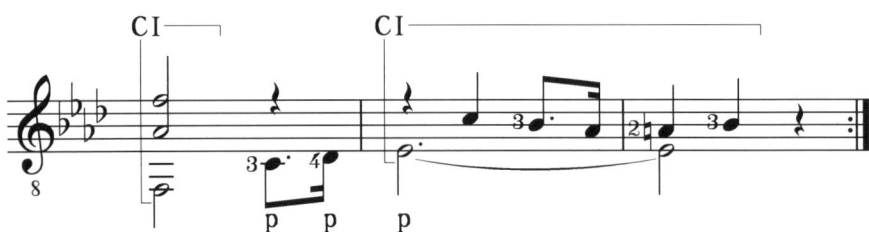

Takt 19-22

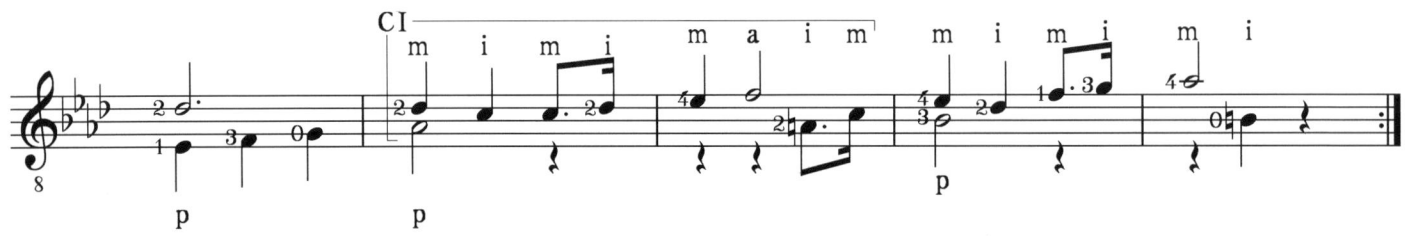

ETÜDEN ZUR AUSBILDUNG DES BARRÉ

Ejercicio 90 [Andantino]

Dionisio Aguado

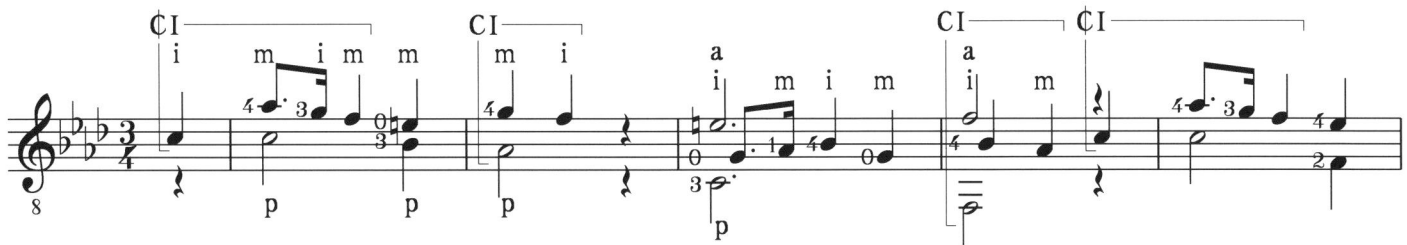
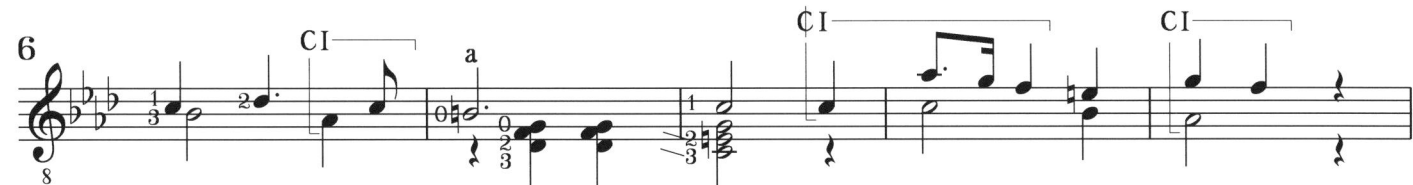
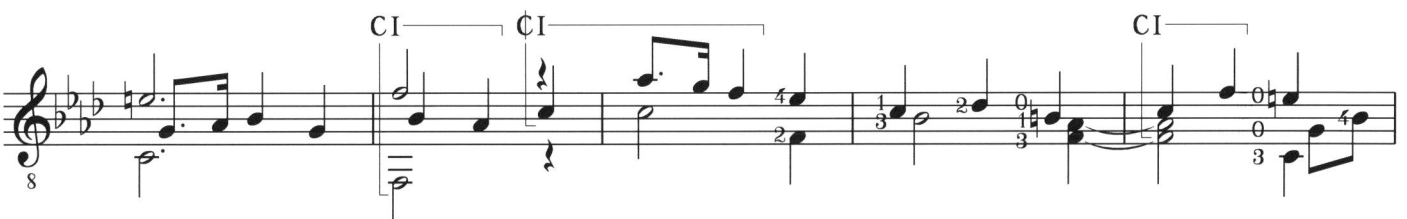

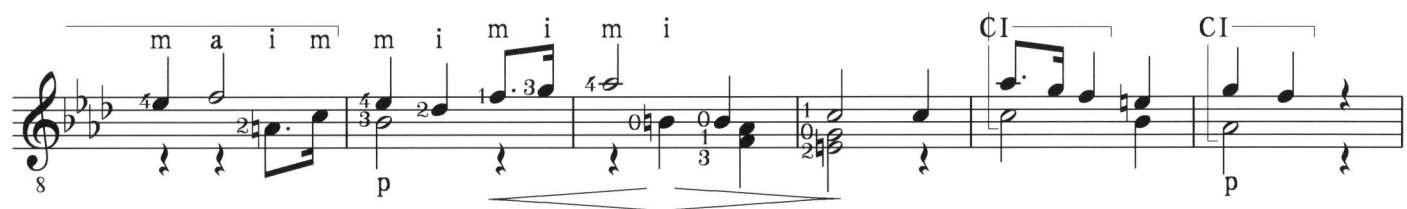
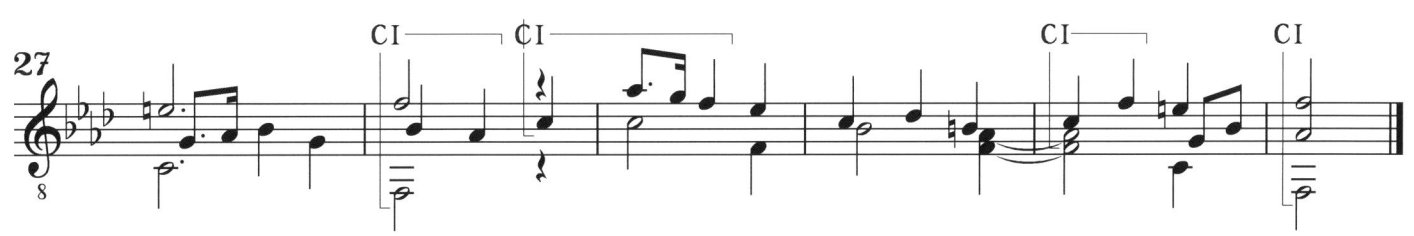

Etüde No. 18

Die Giuliani-Etüde, op. 50, No. 21, ist grundsätzlich nicht viel schwerer als die beiden vorhergehenden Barré-Etüden. In Takt 13 und 14 finden wir jedoch eine in der Gitarrenliteratur typische Barrétechnik: das Kippen des Barréfingers.

Beim Kippen drückt der gestreckte Zeigefinger entweder nur die oberen oder die unteren Saiten nieder. Entsprechend liegen die nicht niedergedrückten Saiten frei und können als leere Saiten eingesetzt werden.

Anhand der melodischen Molltonleiter führen wir uns noch einmal die Vorzeichen von D-Moll vor Augen.

D-Moll-Tonleiter

Schwierige Stellen

Der gekippte Barré in Takt 13 und 14:

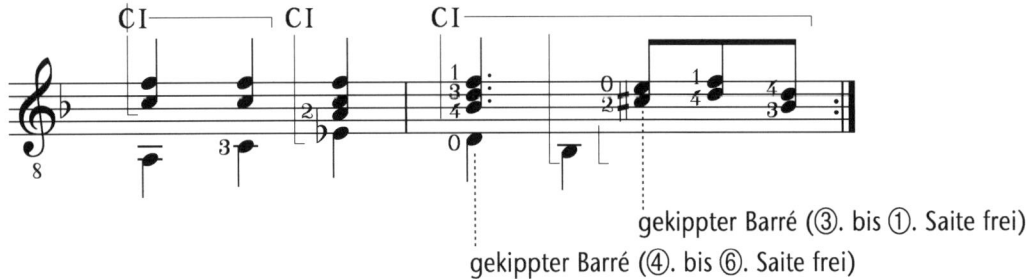

gekippter Barré (③. bis ①. Saite frei)
gekippter Barré (④. bis ⑥. Saite frei)

ETÜDEN ZUR AUSBILDUNG DES BARRÉ

Andantino aus "Le Papillon" op. 50, No. 21
Mauro Giuliani

※ = gekippter Barré

5 ETÜDEN ZUR AUSBILDUNG DES MEHRSTIMMIGEN MELODIESPIELS

KAPITEL 5

Etüde No. 19

Die Melodie dieser bekannten zwei- und dreistimmigen Sor-Etüde op. 31, No. 1 ist zwar einfach, aber treffend und schön. Das gelungene kleine Werk ist, ohne besonders schwierig zu sein, ein idealer Einstieg in das mehrstimmige Melodiespiel.

Bei den zweistimmigen, gleichzeitig erklingenden Passagen müssen wir auf dynamische Ausgewogenheit und Gleichberechtigung von Ober- und Unterstimme achten (siehe "Käppels Gitarrenschule", Kapitel 18, "Der zweistimmige gleichzeitige Anschlag").

Wir werden bei den weiteren Etüden sehen, daß gerade Fernando Sor ein ganz großer Meister dieser kleinen, melodischen Form war.

Andante op. 31, No.1

Fernando Sor

CD Track 19

Etüde No. 20

"Le Papillon" op. 50 von Mauro Giuliani ist eine Sammlung von einfachen, kleinen Stücken, die Etüdencharakter haben.

Das mit No. 11 gekennzeichnete "Grazioso" ist eine typische Melodie-Etüde auf zwei Klangebenen: die Melodie einerseits mit "a" oder "m" gespielt und ein Begleitmuster **p-i-p-i** andererseits.

Auch hier helfen uns Vorübungen auf leeren Saiten, die bis zu zehnmal hintereinander langsam und etwas schneller gespielt werden sollten, mehr Sicherheit in der RH zu bekommen.

Vorübungen auf leeren Saiten

1

2

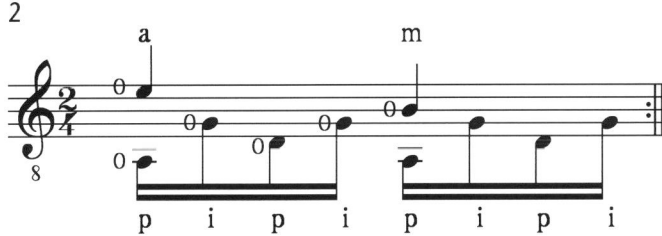

3

4

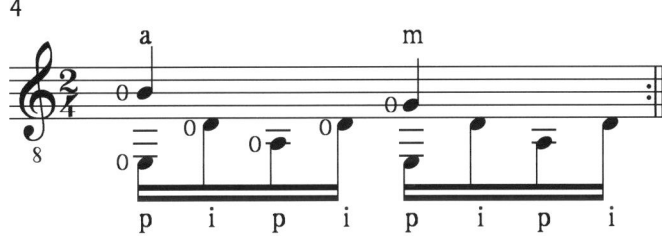

KAPITEL 5

Grazioso op. 50, No. 11
Mauro Giuliani

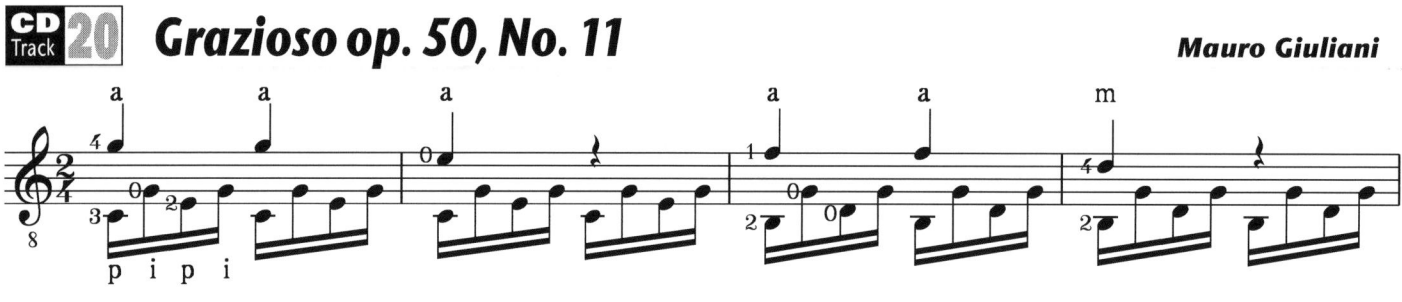

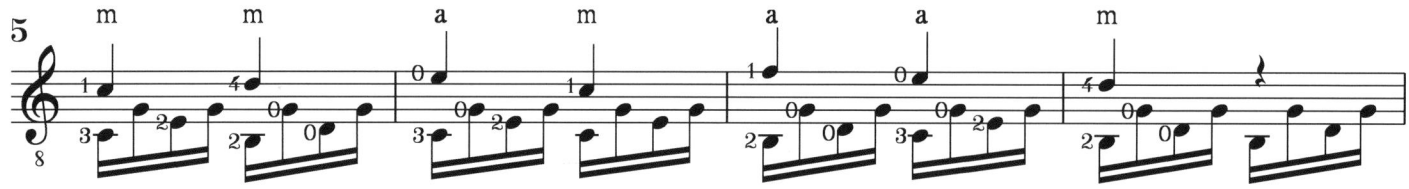

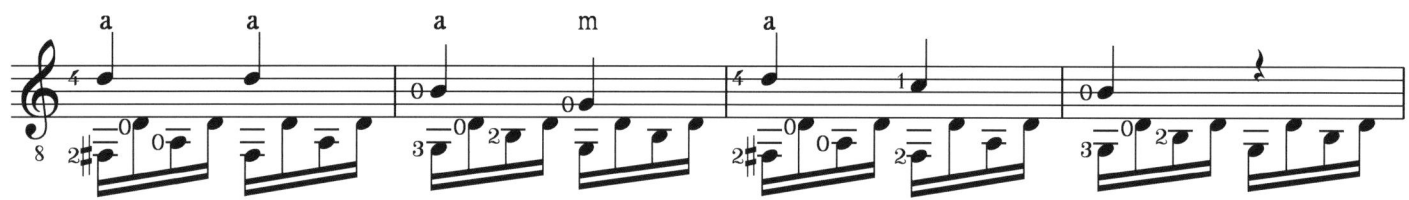

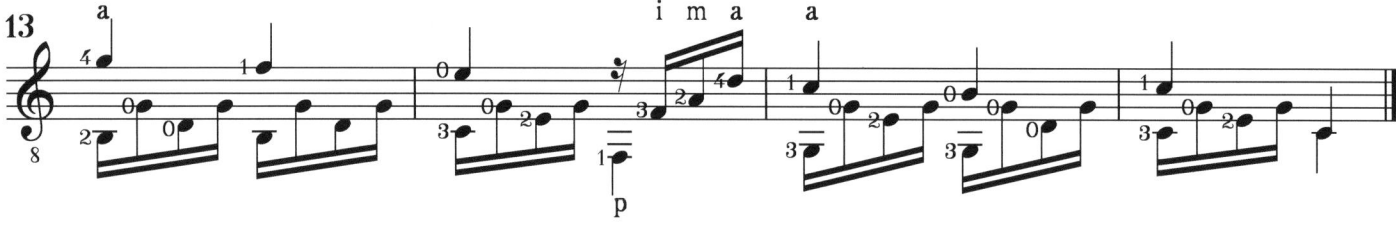

Etüde No. 21

Bei Sors relativ leichter Sexten- und Terzen-Etüde op. 60, No. 13 laufen die Melodien der Ober- und Mittelstimme bzw. der Ober- und Unterstimme teilweise parallel und sind oft gleichberechtigt. Die dynamische Ausgewogenheit des gleichzeitigen Anschlags **i/a** und auch **p/m** muß daher im Vordergrund stehen.

Die leere ⑨-Saite, aber auch die Töne auf der ⑨-Saite können leicht zu laut, ja sogar zu "knallig" klingen. Besonders ab Takt 9 bis 14 kann die ⑨-Saite die Melodie durch zu penetrantes Hervortreten empfindlich stören. Ein zurückhaltender Anschlag mit "**i**" ist hier angebracht.

op. 60, No. 13
Fernando Sor

KAPITEL 5

Etüde No. 22

Die Sor-Etüde op. 60, No. 14 ist eine Akkordstudie, deren Melodie fast durchweg als Oberstimme in einer zweistimmigen Schreibweise oder in einem dreistimmigen Akkord erscheint. Die Bezeichnung "Andante", auf deutsch "gehend", besagt, daß wir es mit einem ruhigen Stück zu tun haben.

Die kleinen, durchgestrichenen, mit * gekennzeichneten Noten sind Verzierungen (Vorschlagnoten), die gleichzeitig mit Baß- und Mittelstimme gespielt werden. Sie erklingen nur sehr kurz und werden von der sogenannten Hauptnote (hier: "c") gefolgt, die mit dem 4. Finger der LH erzeugt (abgezogen) wird.

Damit die Melodie dieses kurzen Musikstücks immer deutlich zu hören ist, empfiehlt es sich, sie als Solostimme zu spielen, um das Gehör auf die Melodie noch besser einzustimmen.

Die Melodie als Solostimme

Schwierige Stellen

Takt 7/8

Takte 2, 6, 19

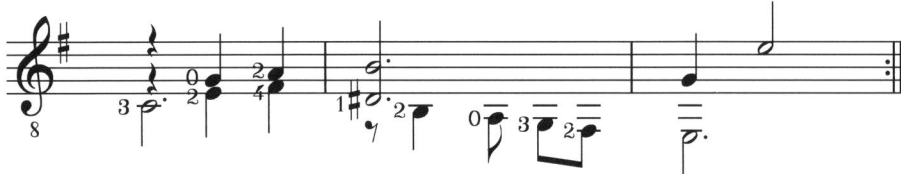

ETÜDEN ZUR AUSBILDUNG DES MEHRSTIMMIGEN MELODIESPIELS

Andante op. 60, No. 14 *Fernando Sor*

※ = Vorschlagnoten

Etüde No. 23

In Aguados "Ejercicio 3" (dritte Übung), die seinem Lehrbuch entnommen ist, liegt die Melodie im ersten Teil im Baß, im zweiten Teil in der Oberstimme.

Der 6/8-Rhythmus wird von Daumenrepititionen (Wiederholungen) getragen, die von Anfang bis Ende durchgehalten werden. Im zweiten Teil springt der Daumen von der ⑥. zur ④. Saite und umgekehrt. Hier müssen wir zur besseren Treffsicherheit die Takte 9 bis 12 mehrfach langsam wiederholen. Vorerst üben wir dies auf leeren Saiten.

Auch als Daumenstudie geeignet!

Vorübung auf leeren Saiten

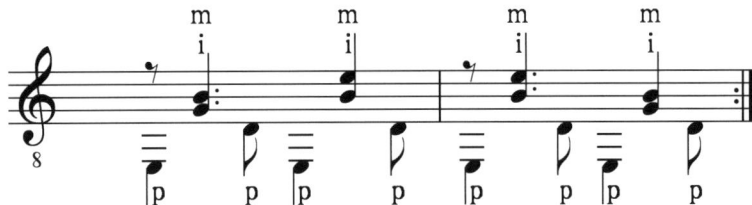

Schwierige Stellen

Takt 13/14

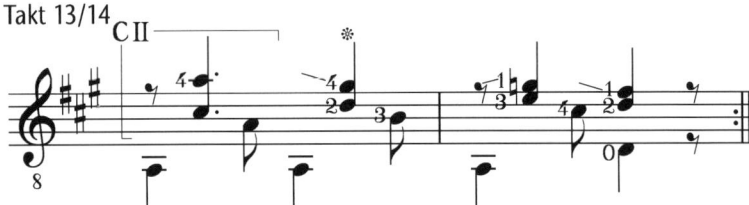

❊ 1. Finger auf "fis" ① Saite vorbereiten.

ETÜDEN ZUR AUSBILDUNG DES MEHRSTIMMIGEN MELODIESPIELS

Ejercicio 3 (Übung 3 aus Kapitel 1) — *Dionisio Aguado*

CD Track 23

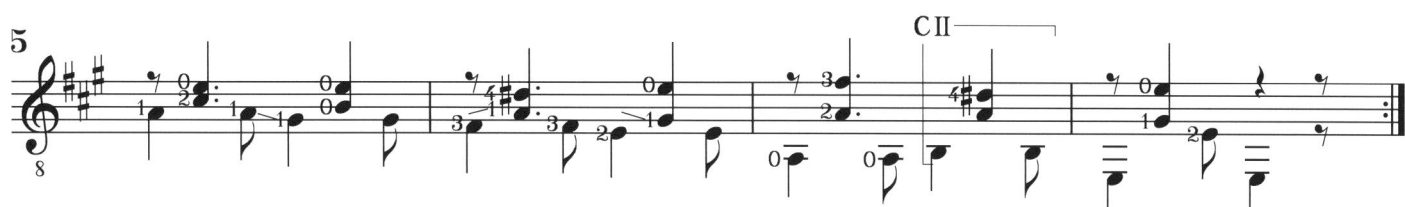

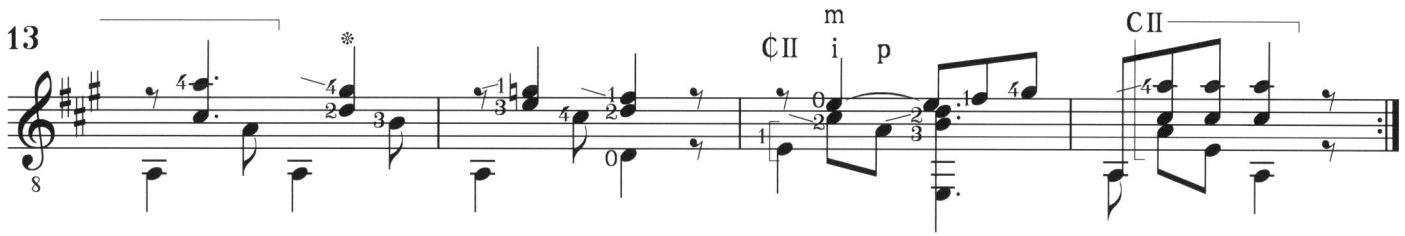

✻ 1. Finger auf "fis" ① Saite vorbereiten.

Etüde No. 24

Diese komplexe, zweistimmige und bekannte Etüde aus Sors op. 60 ist mit Abstand eine seiner schönsten Kleinkompositionen.

Der erste Teil und die Reprise am Ende (= veränderte Wiederholung des ersten Teils) bilden ein perfektes Beispiel für echte Mehrstimmigkeit (Polyphonie). Ober- und Unterstimme wechseln sich spielerisch mit ihren Motiven (kurzen Melodien) ab.

Ab Takt 19 bis Takt 22 laufen beide Stimmen parallel nebeneinander, was auf der Gitarre mit besonders präziser und schneller Greiftechnik verwirklicht werden muß. Dabei werden die "Sprünge", die sich zwangsläufig in der LH ergeben, "legato", d. h. ohne Stocken und abgehacktem Spiel, ausgeführt. Siehe unten **Schwierige Stellen** (Takt 19 bis 22)!

Schwierige Stellen

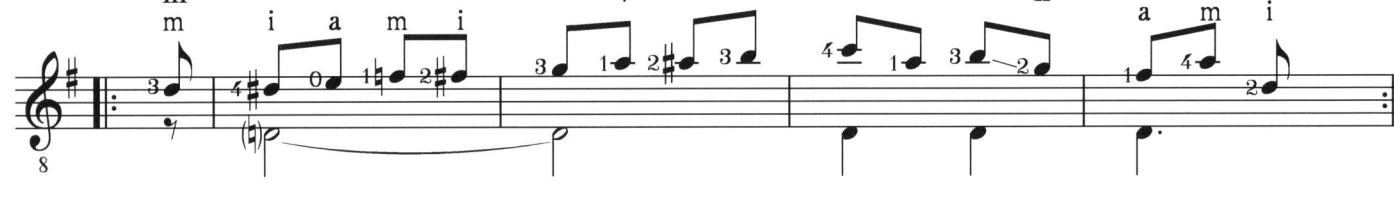

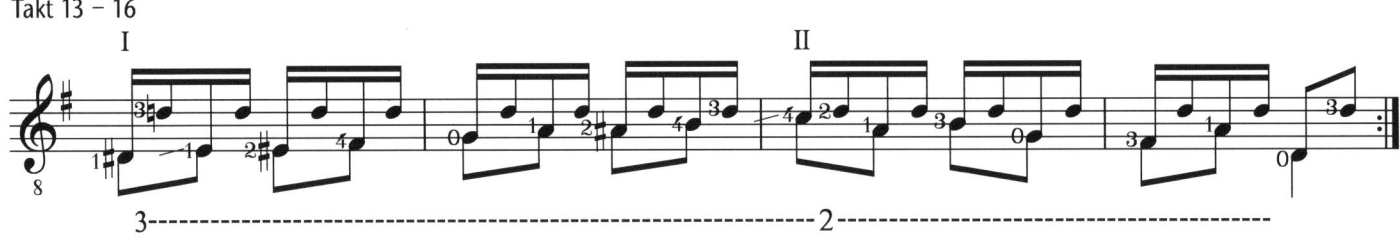

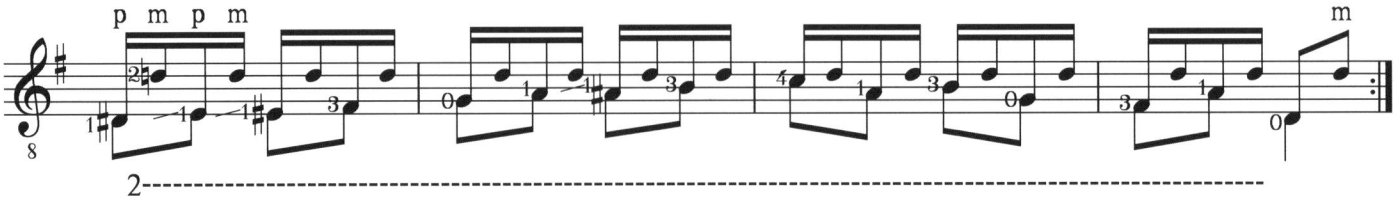

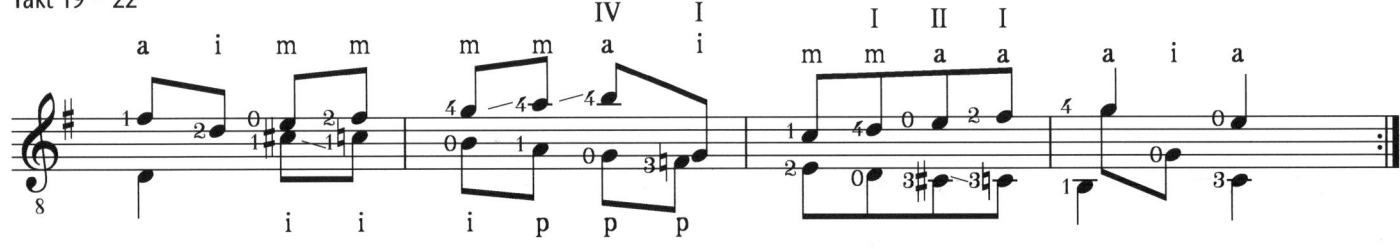

ETÜDEN ZUR AUSBILDUNG DES MEHRSTIMMIGEN MELODIESPIELS

op. 60, No. 12
Fernando Sor

Etüde No. 25

Die letzte Sor-Etüde in diesem Kapitel stammt aus dem uns wohl bekannten Opus 60. Die Melodie in der Oberstimme – im zweiten Teil als Terzen – wird von leeren Saiten begleitet: zuerst von der ⑨-Saite, dann im Terzenteil, der zusätzlich mit Akkorden angereichert ist, von der ⓓ-Saite.

Wieder müssen wir darauf achten, daß die leeren Saiten, die hier nach jedem Melodienton sogar doppelt angeschlagen werden, die Melodie nicht durch penetrantes "plärrendes" Hervortreten stören.

Die Hauptnoten nach den kurzen Vorschlagnoten (Verzierungen) in Takt 15, 23 und 39 werden durch Abzugbindungen erzeugt. Sie müssen deutlich und klar zu hören sein.

Schwierige Stellen

Takt 15/16

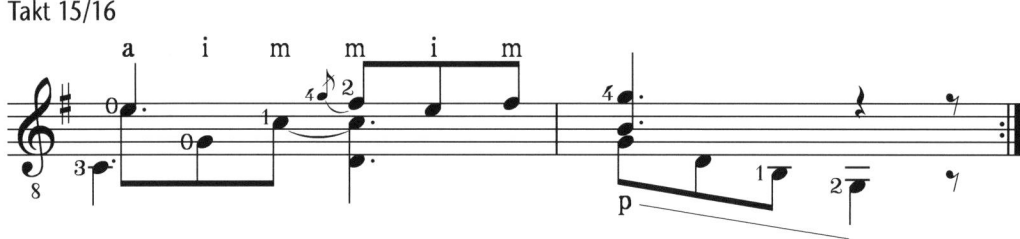

Takt 29/30

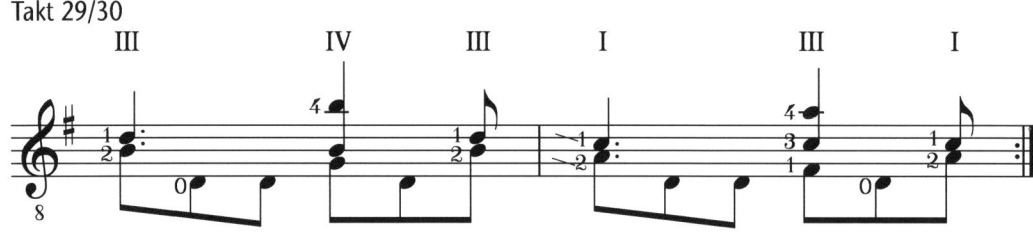

op. 60, No. 19

Fernando Sor

Etüde No. 26

In der vorletzten Etüde in diesem Kapitel – wieder ein mehrstimmiges (polyphones) Beispiel, diesmal von Dionisio Aguado – sind Unter- und Oberstimme gleichberechtigte Melodien.

Die Notenwerte entsprechen sich immer in beiden Stimmen: hat die Unterstimme zwei Achtelnoten und die Oberstimme eine Viertelnote, sind die Notenwerte beim nächsten Viertelschlag entsprechend umgekehrt.

Um die einzelnen Takte oder Takthälften "legato" (ohne Stocken und ohne Töne abzuhacken) miteinander zu verbinden, kommen wir wieder zu unserer taktweisen Übemethode, die wir schon in vorherigen Etüden kennengelernt haben.

Schwierige Stellen

Auch hier ist fast jeder Takt eine mehr oder weniger SCHWIERIGE STELLE. Daher die taktweise Übemethode:

> Wir spielen den Auftakt und Takt 1 (immer mit Anschlußviertel oder -achtel auf der "eins" im folgenden Takt) zwei- bis dreimal langsam (Achtel = langsame Schritte),
>
> danach zwei- bis viermal etwas schneller (nur so schnell, wie wir noch gleichmäßige Achtel spielen können!).
>
> Mit Takt 1 und 2 verfahren wir ebenso. Dann genauso mit Takt 2 und 3. Dann 3 und 4... und so weiter.

Etüde No. 27

In dieser kurzen Giuliani-Etüde in der wunderschönen Tonart G-Moll liegt die Melodie meist in der Oberstimme, sei es in geschlossenen oder in melodisch zerlegten Akkorden. Oft bildet der Baß eine Begleitmelodie (Begleitstimme) parallel zur Oberstimme. In Takt 7 wird die Melodie von der Mittelstimme geführt.

Die LH wird besonders in den letzten sechs Takten gefordert. Hier muß mit den Barrégriffen auch noch die Lage gewechselt werden. Eine schwierige Stelle, die beim Üben viel Geduld und Ausdauer verlangt.

Um das Einstudieren zu erleichtern, führen wir uns die Töne von G-Moll wieder mit einer Tonleiter, jetzt über zwei Oktaven in melodisch Moll vor Augen.

G-Moll-Tonleiter

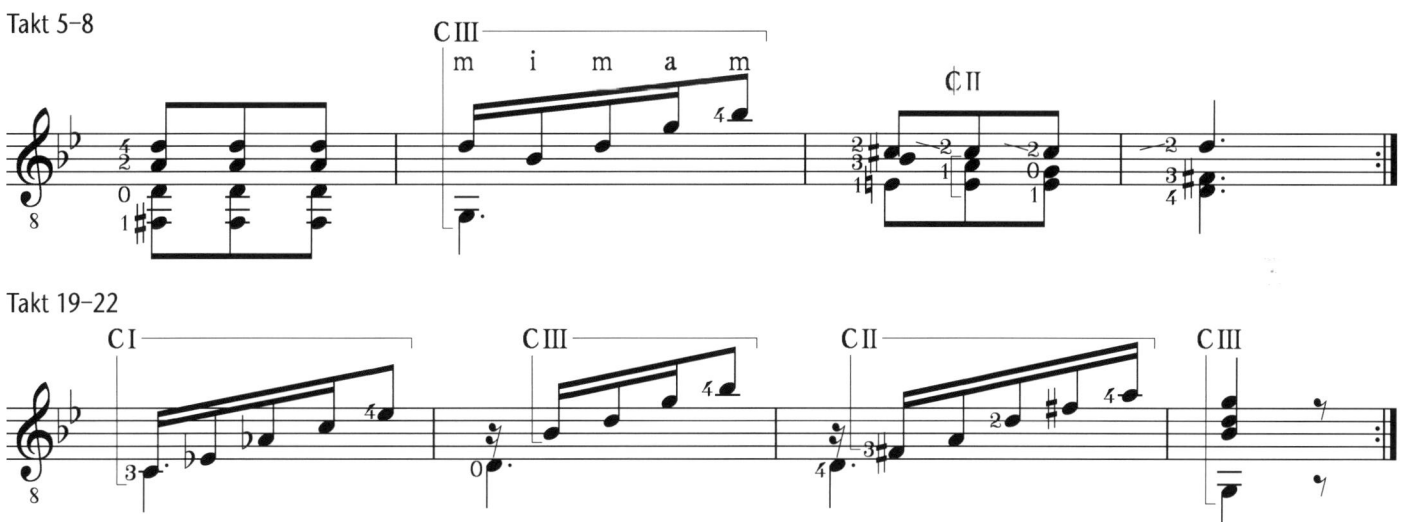

Schwierige Stellen

Takt 5-8

Takt 19-22

Takt 23/24 : schnelles Arpeggieren im 5-stimmigen Akkord.

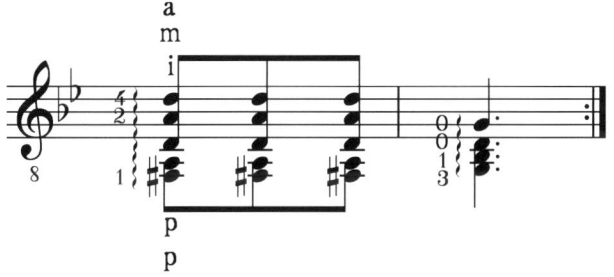

KAPITEL 5

Larghetto aus "Le Papillon" op. 50, No. 17 — *Mauro Giuliani*

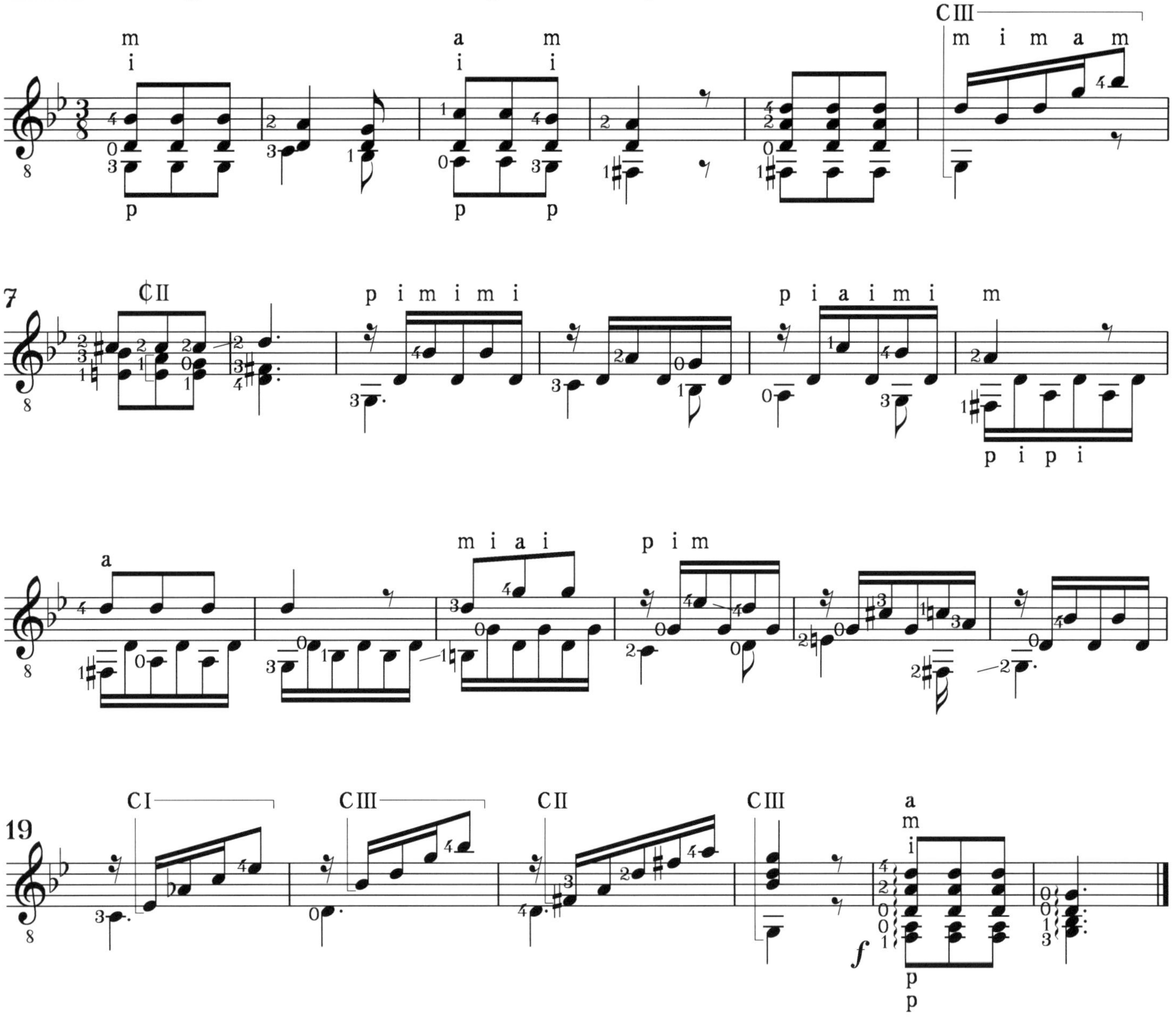

6 ETÜDEN ZUR AUSBILDUNG DES ZWEISTIMMIGEN, NICHT GLEICHZEITIGEN ANSCHLAGS

(p–i, p–m, p–a)

Etüde No. 28

Der zweistimmige, nicht gleichzeitige Anschlag mit **p-i**, **p-m** und **p-a** fördert die Beweglichkeit des Daumens und die Entspannung der RH.

Aguados Terzen- und Sextenetüde mit dem Anschlagsmuster **p-i** bewegt sich hauptsächlich auf den Saitenpaaren ④-③, ③-② und ②-①. Dabei verweilt er meist über mehrere Takte auf einem Saitenpaar, um häufige Saitenwechsel zu vermeiden. Dadurch können wir uns besser auf die Anschlagsbewegungen der RH konzentrieren.

In den Takten 21 bis 23 nimmt die Schwierigkeit für die LH durch mehr Bewegung und den direkten Lagenwechsel in Terzen in Takt 21 von der I. in die III. Lage zu.

Beim 3. und 4. Finger, die gewöhnlich etwas schwächer ausgebildet sind, müssen wir auf exaktes Aufsetzen hinter den Bundstäben achten.

Schwierige Stellen

Anschlagsmuster

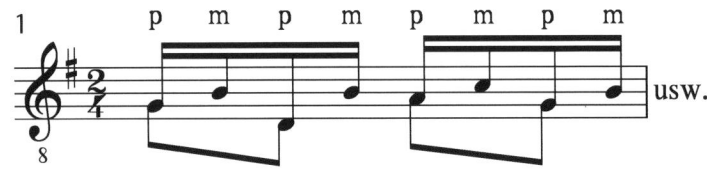

ETÜDEN ZUR AUSBILDUNG DES ZWEISTIMMIGEN, NICHT GLEICHZEITIGEN ANSCHLAGS

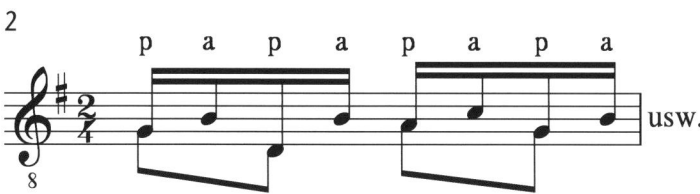

Mit rhythmisch veränderten Sechzehnteln:

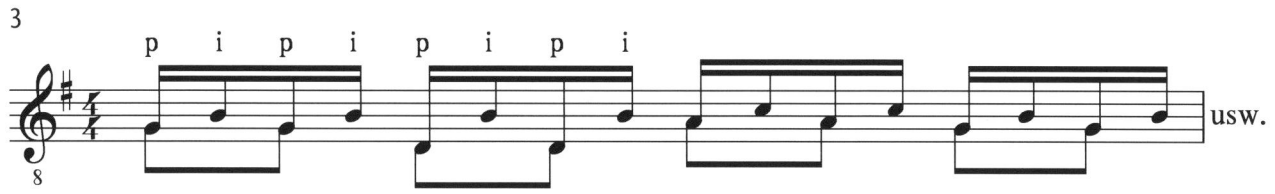

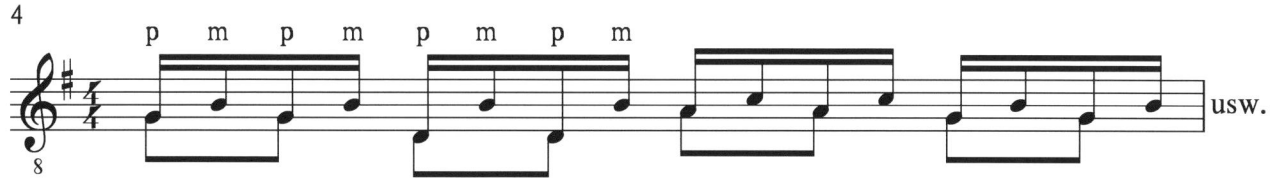

Schwieriges Anschlagsmuster als Vorübung für Triller über 2 Saiten:

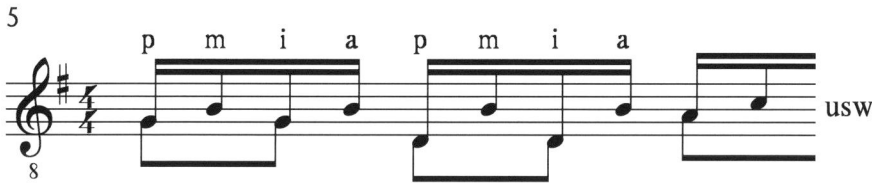

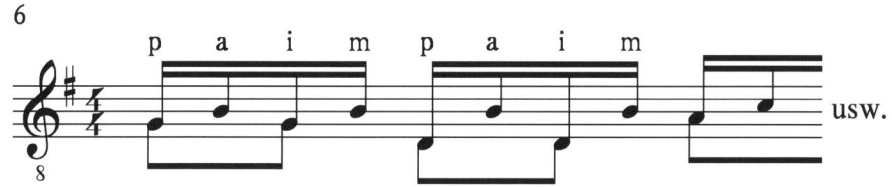

Mit dem oberen Ton beginnend:

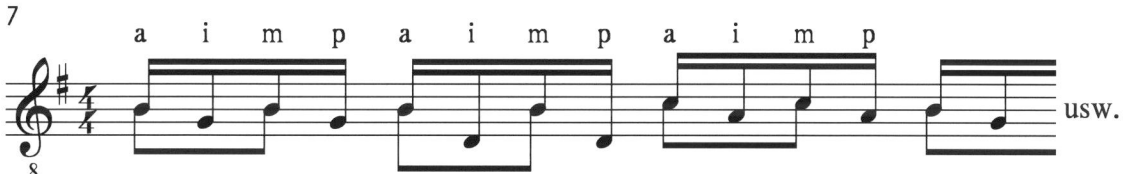

Lección 18 [Andantino]

Dionisio Aguado

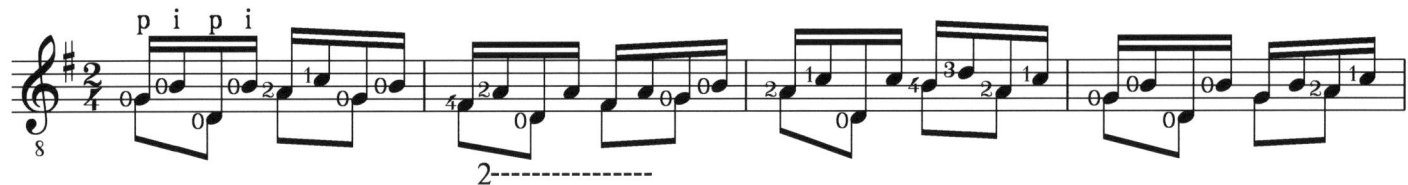

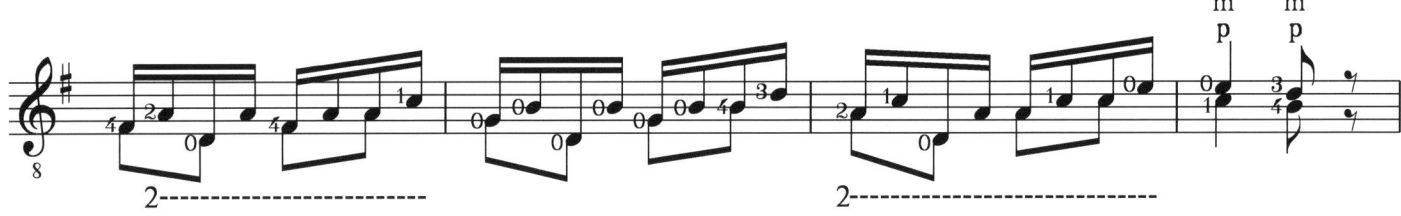

Etüde No. 29

In Fernando Sors Etüde aus op. 60 im zweistimmigen, nicht gleichzeitigen Anschlag wechseln die Anschlagsmuster (hauptsächlich **p–i** und **p–m**) häufig bedingt durch andauernden Saitenwechsel.

Vorübungen auf leeren Saiten helfen uns hier, mehr Sicherheit in der RH zu bekommen.

Vorübungen auf leeren Saiten

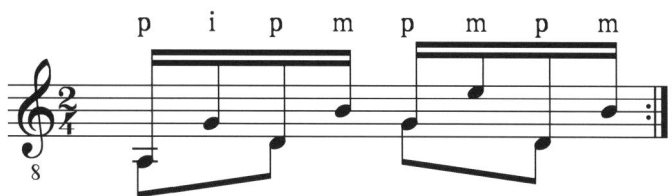

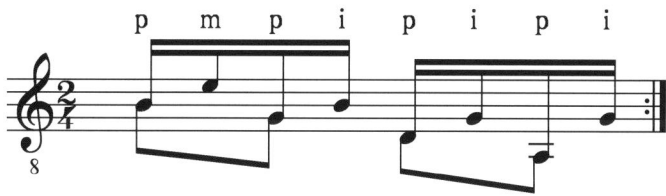

Schwierige Stellen

Takt 3/4

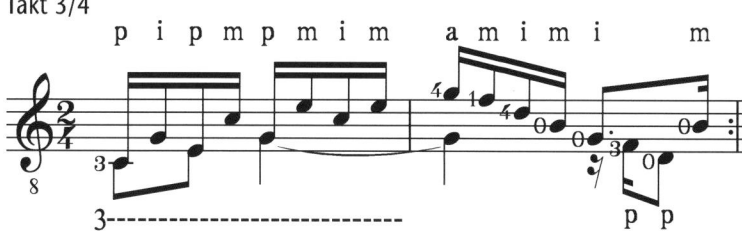

Takt 20/23

KAPITEL 6

CD Track 29 ***Allegro moderato op. 60, No. 17*** *Fernando Sor*

Etüde No. 30

Die folgende Sor-Etüde in H-Moll ist eine der schönsten aus op. 60. Neben dem zweistimmigen, nicht gleichzeitigen Anschlag, der weite Passagen der Etüde beherrscht, werden LH-Bindungen und verschiedene Arpeggioanschlagsmuster eingesetzt.

Der synkopierte Rhythmus gleich zu Anfang wird durch die angebundenen Töne (Aufschlag- und Abzugbindungen) und die daraus resultierenden schwächeren Betonungen unterstützt.

Bindungen, angeschlagene Töne in Verbindung mit den passenden RH- und LH-Fingersätzen ergeben zusammen ein logisch fließendes Gefüge ohne jeglichen Bruch – dank Sors genialem Klangempfinden und seiner profunden Kenntnis der Gitarre.

Schwierige Stellen

Takt 1

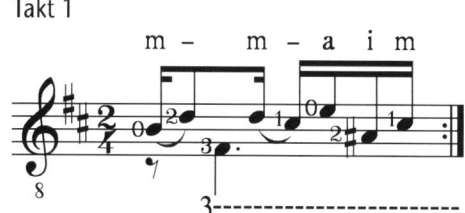

Takt 3/4

Takt 7/8

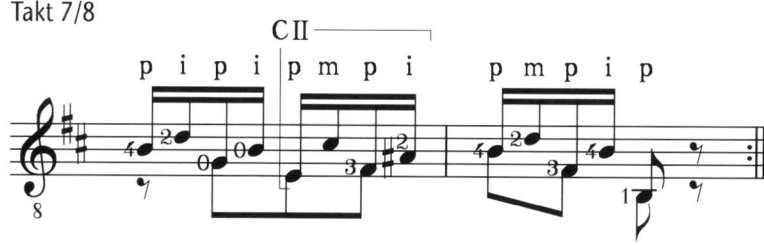

Takt 37-40

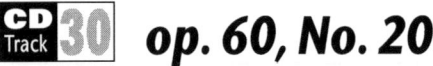 *op. 60, No. 20* **Fernando Sor**

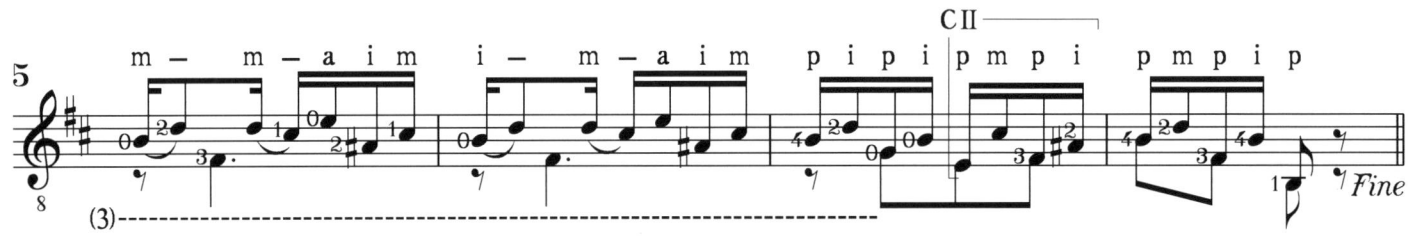
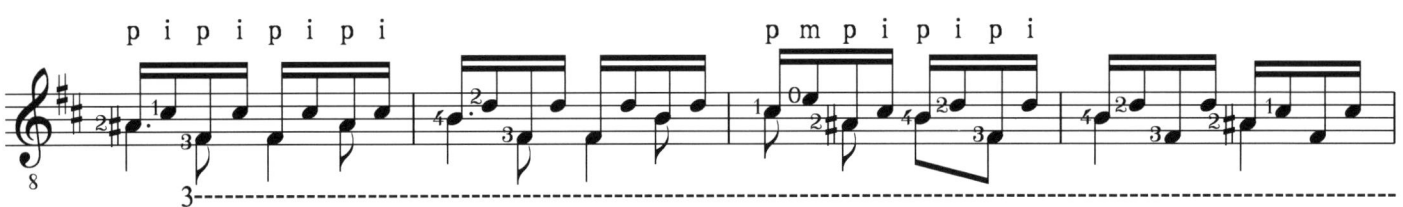

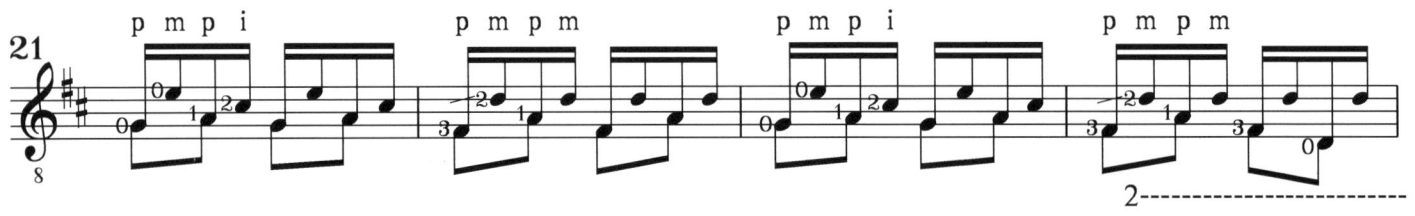

ETÜDEN ZUR AUSBILDUNG DES ZWEISTIMMIGEN, NICHT GLEICHZEITIGEN ANSCHLAGS

KAPITEL 6

7 ETÜDEN ZUR AUSBILDUNG DER KOORDINATION VON LH UND RH

Etüde No. 31

Die Koordination, das Zusammenwirken bzw. die zeitliche Abstimmung der LH und RH, ist ein Hauptbestandteil jeglicher Gitarrentechnik. Natürlich gibt es in jeder Gitarrenkomposition Koordinationsprobleme. Ohne Koordination gäbe es kein Gitarrenspiel.

Doch gibt es Etüden – dazu gehören insbesondere Tonleiterstudien – in denen jeder Ton mit einem anderen Finger der RH angeschlagen und mit einem anderen Finger der LH gegriffen wird. Dies ist die effektivste Art und Weise, Koordination zu üben, erfordert jedoch höchste Konzentration bei jedem neuen Ton. Wir wollen mit einer leichten Etüde von Fernando Sor aus op. 60, der No. 5 in A-Moll und A-Dur, einsteigen.

Um Lesefehler zu vermeiden, wiederholen wir die A-Dur-Tonleiter über zwei Oktaven.

A-Dur-Tonleiter

Schwierige Stellen

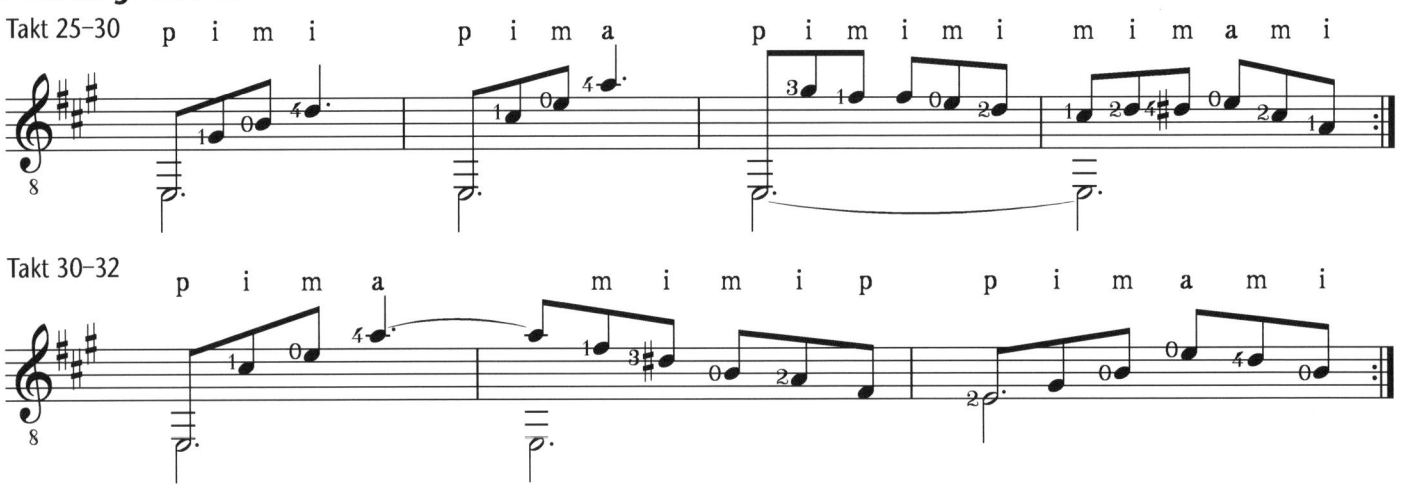

op. 60, No. 5
Fernando Sor

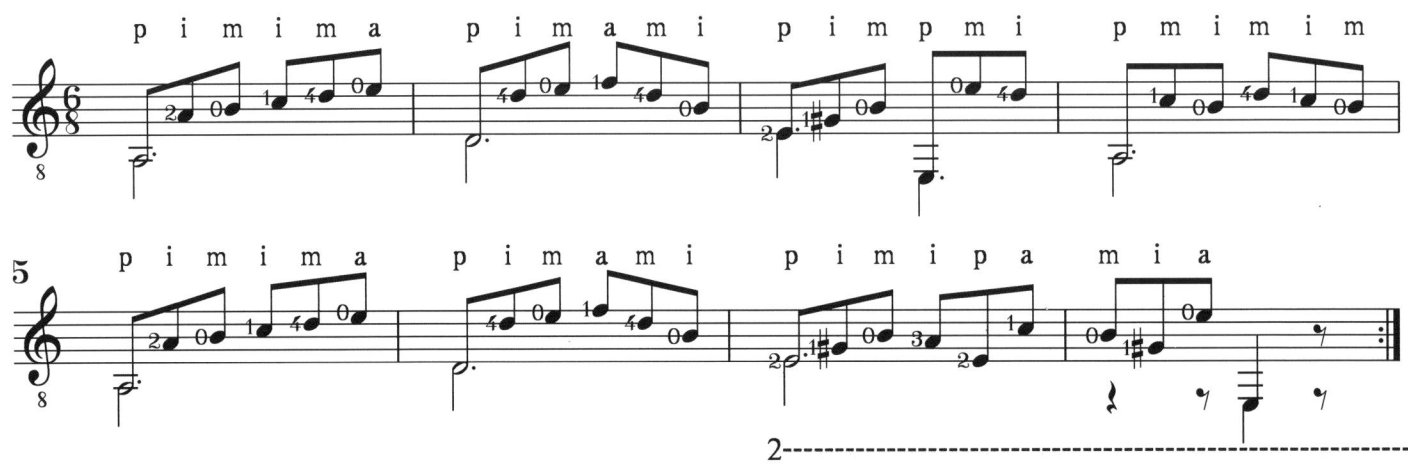

ETÜDEN ZUR AUSBILDUNG DER KOORDINATION VON LH UND RH

Etüde No. 32

In Mauro Giulianis Etüde aus op. 1, Teil III, No. 1 werden nicht nur verschiedene Finger beider Hände im Achtelrhythmus abgestimmt (koordiniert), sondern darüber hinaus wird auch die Streckfähigkeit der Finger der LH durch länger auszuhaltende Baßtöne (fixierte Töne mit fixierten Fingern) gefördert.

Schwierige Stellen

Auch hier birgt jeder Takt gewisse Koordinationsschwierigkeiten. Daher lohnt es, diese Etüde in einer anderen Methode taktweise wie folgt zu üben:

Takt 1 und 2 circa fünf- bis achtmal langsam:

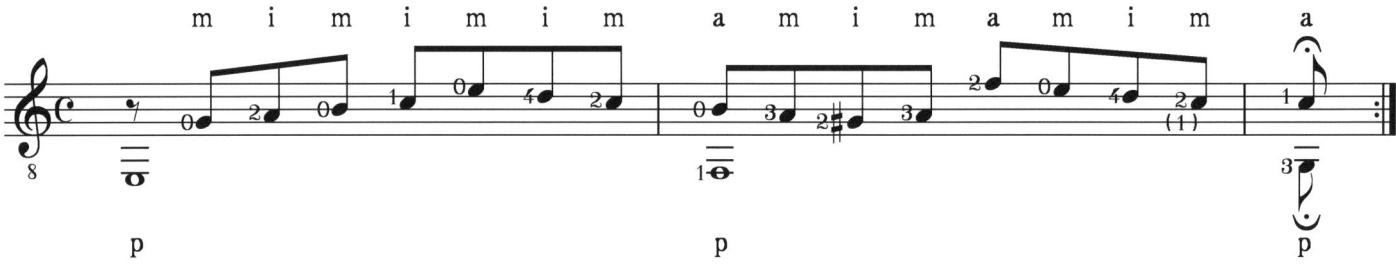

Takt 2 und 3 circa fünf- bis achtmal langsam:

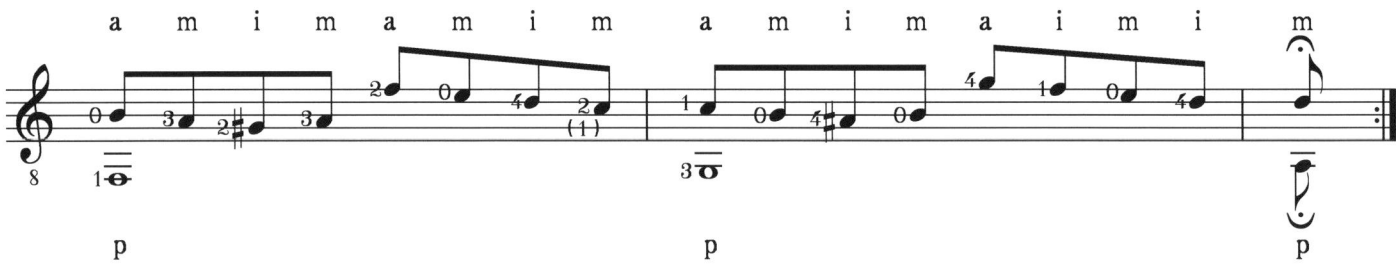

Dann entsprechend die Takte 3 und 4 zusammenfassend üben, dann 4 und 5... und so weiter.

ETÜDEN ZUR AUSBILDUNG DER KOORDINATION VON LH UND RH

Maestoso op. 1, Teil III, No. 1
Mauro Giuliani

Etüde No. 33

Bevor wir uns an die folgende Etüde von Giuliani aus op. 1, Teil IV, No. 3 heranwagen, müssen wir das ungewöhnliche Anschlagsmuster auf leeren Saiten langsam üben. Die "i"- und "a"-Finger strecken sich weiter als üblich (normalerweise liegt eine Saite zwischen "i" und "a") voneinander weg. Dies wird nun koordiniert mit Oktav- und Sekundschritten in der LH.

Übung auf leeren Saiten

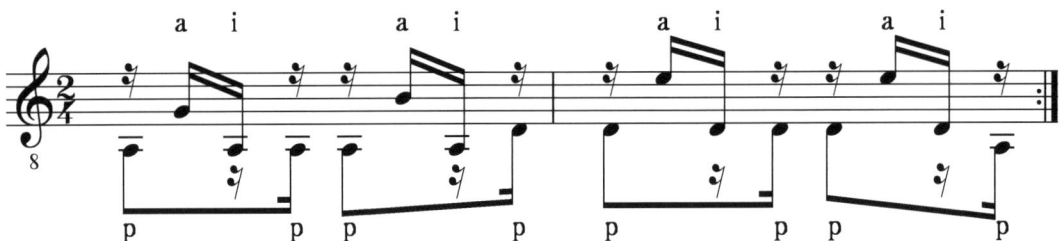

Schwierige Stellen

Takt 7/8

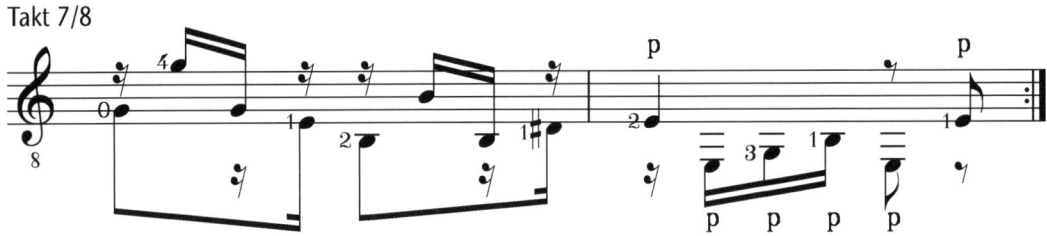

Takt 11/12

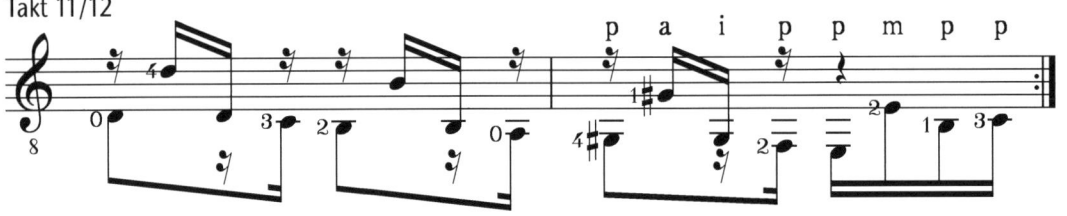

Takt 19/20

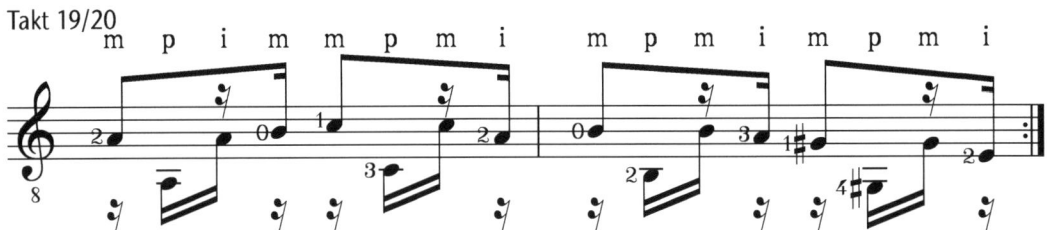

Takt 29/30

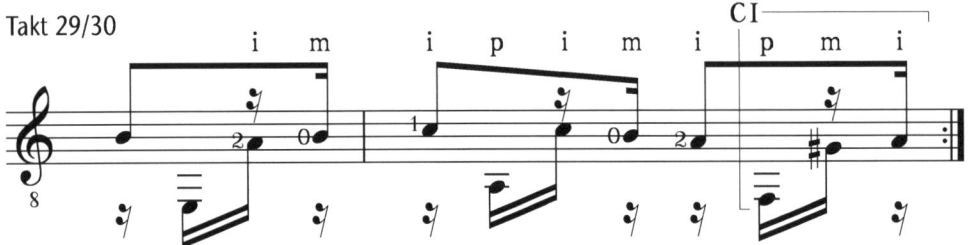

Anschlagsmuster

Als Daumenanschlag-Etüde in einer einfacher zu lesenden Schreibweise, die jedoch das Klangergebnis nicht verändert (nur von Takt 1 bis 8 und 17 bis 24):

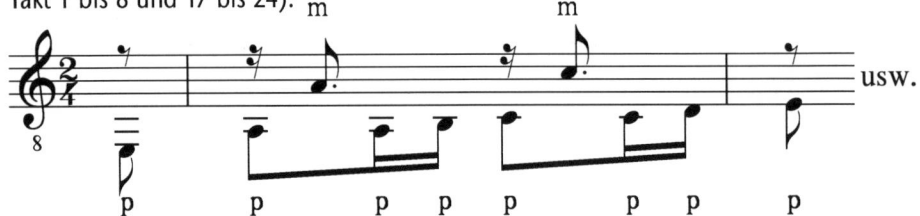

ETÜDEN ZUR AUSBILDUNG DER KOORDINATION VON LH UND RH

Andantino mosso op. 1, Teil IV, No. 3
Mauro Giuliani

Weitere Etüden zur Ausbildung der Koordination:

Seite 72   Kapitel 6   Etüde No. 28 Lección 18 [Andantino]   von D. Aguado
Seite 75   Kapitel 6   Etüde No. 29 Allegro moderato op. 60/17   von F. Sor